Peter Masters

Unser Vater ...

Ermutigung aus dem Gebet des Herrn

Peter Masters

Unser Vater ...

Ermutigung aus dem Gebet des Herrn

Schwengeler

ISBN 3-85666-414-9

Bestell-Nr. 818414

www.schwengeler.ch

Die englische Originalausgabe erschien unter dem Titel
«The Lord's Pattern for Prayer»

Übersetzung: Alexandra Mainon

Umschlaggestaltung und Gesamtherstellung:
Cicero-Studio, CH-9442 Berneck, www.cicero-studio.ch

Inhalt

KAPITEL 1

Christus lehrt uns beten
«Deshalb sollt ihr auf diese Weise beten …»

DAS VATERUNSER – EIN MODELLGEBET

«Die Trümmer meiner Seele stelle wieder her,
und mach aus meinem Herzen ein Haus des Gebets.»
—Charles Wesley

Der Begriff «das Gebet des Herrn» lässt sich auf Cyprianus von Karthago und etwa das Jahr 250 n. Chr. zurückverfolgen, obwohl das Vaterunser wohl schon davor als rezitiertes Gebet bekannt war. In unserer heutigen Zeit ist es ein bewegender Gedanke, dass Millionen vom Evangelium unerreichte, unbekehrte Menschen zumindest eines über den wahren Glauben wissen: Sie können das Vaterunser sprechen. Woher nehmen wir uns deshalb das Recht, die Zeilen dieses berühmtesten aller Gebete zu durchforschen und auszulegen? Sollte es nicht als sakrosankt betrachtet und so rezitiert werden, wie es ist?

Wir müssen dieses Gebet genauer erforschen, weil der Herr es hauptsächlich als *Muster,* als Stilvorgabe, als Schema oder Gliederung von Gebetsanliegen und Wünschen vorgesehen hat. Unsere Gebete sollten diesem Modell entsprechen. Das

Vaterunser ist hauptsächlich eine «Agenda» für das Gebet. Johannes Calvin sagte bereits vor langer Zeit, dass seine Bedeutung nicht so sehr in den Worten liege, sondern mehr in deren Inhalt, der erklärend ausgelegt werden sollte. Es folgen drei kurze Hinweise, warum das Gebet des Herrn hauptsächlich als Belehrung und Gliederung gemeint ist.

1 In diesem Buch werden wir das Gebet des Herrn studieren, wie es in Matthäus 6,9–13 wiedergegeben ist, aber im Lukasevangelium folgt das Vaterunser auf die Bitte der Jünger: «Herr, lehre uns beten». Die natürlichste Erklärung für diese Bitte lautet: Die Jünger wollten mehr als nur eine festgefügte Form des Gebets. Sie baten den Herrn nicht um ein bestimmtes Gebet, sondern sie wollten wissen, *wie* sie beten sollten.

2 Als der Herr bei anderen Gelegenheiten dasselbe Gebet lehrte (s. Luk. 11,1–4), drückte Er es ein wenig anders aus, mit fünf kleinen Variationen, und einem vollkommen anderen Wort sowie ohne den Lobpreis am Ende. Wenn Er beabsichtigt hätte, nur eine strenge Form des Gebetes zum Rezitieren zu vermitteln, dann hätte Er wohl bei beiden Gelegenheiten genau die gleichen Worte gewählt.

3 Es ist auch von grosser Bedeutung, dass alle Bitten des Vaterunsers sehr kurz sind und wohl als Überschriften dienen sollten. So enthält die Bitte «Und vergib uns unsere Schulden» nur fünf Worte, obwohl wir aus anderen Gebeten in der Bibel wissen, dass Bitten um Vergebung ausführlicher sein sollten. Wenn der Gläubige Busse tut, muss er sich seiner Sünden oder wenigstens seiner schlimmsten Verfehlungen bewusst sein. Er muss sich seiner Sünden schämen, sie mit Namen nennen und bereit sein, sich von ihnen abzuwenden. Ein allgemein formuliertes, nur aus fünf Worten bestehendes Bussgebet reicht dafür nicht aus.

Gleichermassen haben alle anderen Bitten des Vaterunsers eine grössere Bedeutung als ihr offen zutage liegender Wortsinn. Das gilt schon für die ersten Worte. Wenn wir sagen: «Unser Vater», dann soll unsere Seele zu Gott gezogen werden, denn sie erinnern uns an Sein väterliches Wesen und Seine Güte. Ähnlich ist es mit den nächsten Worten: «der du bist im Himmel». Hier geht es um mehr als nur um den Wohnsitz Gottes. Wir sollen uns mit diesen Worten Seine unendliche Majestät und Macht vergegenwärtigen. Tertullian schrieb im zweiten Jahrhundert nach Christus, dieses Gebet sei «von der Bedeutung her so umfassend, wie es vom Ausdruck her kurz gefasst ist». Jede Bitte hat ein erhabenes Ziel. Es gibt keine vagen oder nur poetisch gefassten Bitten, und es gibt auch keine Wiederholungen oder Überschneidungen. Hier steht uns eine volle Bandbreite an Themen zur Verfügung, aber unsere persönlichen Gebete sollten dennoch ausführlicher sein.

Wie lange sollen wir beten?

An dieser Stelle möchte ich eine persönliche Bemerkung einfügen. Zu Beginn meines Christenlebens empfand ich einen Gesichtspunkt des Gebets als äusserst entmutigend. Mir kam es vor, als ob ein Gebet nur dann etwas wert ist, wenn man stundenlang auf den Knien liegt. Helden des Gebets wie zum Beispiel der berühmte John Hyde, der «Apostel des Gebets», werden in Predigten oder Büchern immer wieder als Vorbilder hingestellt, obwohl nur wenige Menschen an sie heranzureichen scheinen. Im Rückblick muss ich sagen, dass es für mich als Anfänger im Glauben sehr hilfreich gewesen wäre, wenn man mir als Richtwert für das Gebet mindestens fünfzehn Minuten täglich empfohlen hätte (ohne Bibellesen), mit der Möglichkeit, sich auch mehr Zeit zu nehmen, wenn es erforderlich ist. Es ist wichtig, das an dieser Stelle zu erwähnen, weil dieses Buch viele Anregungen enthält, die jedoch nicht alle in einer «Gebetssitzung» zur Anwendung kommen können. Es ist natürlich gut und richtig, mehr Zeit im Gebet zu verbringen. Jeder Christ sollte dieses Ziel anstreben, aber eine einfache und leicht umsetzbare Orientierungshilfe bewahrt uns vor dem anderen Extrem, nämlich ein paar gestammelten Sätzen pro Tag.

Obwohl das Gebet des Herrn idealerweise als Gliederung oder als Aneinanderreihung von Überschriften anzusehen ist, ist es dennoch ziemlich kompakt gestaltet. Auch andere Gebete in der Bibel sind nie übermässig lang. Andererseits hat unser Erlöser und vollkommenes Vorbild nächtelang gebetet, und so müssen auch unsere Gebete von Zeit zu Zeit ausführlicher sein. Trotzdem wird uns ein Richtwert helfen, Gott nahe zu bleiben und Seine Macht sowie Seinen Segen in unserem Leben zu erfahren.

Ob wir nun fünfzehn Minuten täglich beten oder uns mehr Zeit dafür nehmen: Der Inhalt unserer Gebete und die verschiedenen Bitten, die wir vor Gott bringen, werden immer aufs Beste geordnet und angereichert, wenn wir dabei das Gebet des Herrn, in dessen Namen wir beten, im Auge behalten.

Kapitel 2

Wie wir Gott anreden sollen
«Unser Vater»

Unser Herz bereitet sich vor

O du, durch den wir zu Gott kommen,
der du uns Leben bist, Wahrheit und Weg,
den Weg des Gebets hast du für uns betreten.
Herr, lehre uns beten!
—James Montgomery

Oft fällt uns das Gebet schwer, weil unsere Herzen kalt und gefühllos sind. Wie können wir wieder jene tiefe Sehnsucht und Herzenswärme spüren, nach der wir uns so sehr sehnen, wenn wir in die Gegenwart Gottes treten wollen? Die beste Antwort gibt uns hier der Beginn des Vaterunsers: «Unser Vater». Schon allein das Wort «Vater» sollte uns zu Gott ziehen, denn in diesem Wort konzentrieren sich viele Gedanken. Natürlich soll Gott für uns ein allmächtiges Wesen oder ein König sein, aber für gläubige Menschen ist Er auch ein Vater. Er zeigt Seinen Kindern immer wieder Seine väterliche Liebe, Seine Zuneigung und Fürsorge. In gewisser Hinsicht ist Er als Schöpfer der Vater aller Menschen, und alle Menschen werden sich einmal vor Ihm verantworten müssen. Alle Menschen sollen Ihn ehren, Ihm dienen und gehorchen. Als Vater hat Er jeden Menschen im Blick, selbst wenn dieser göttliche Blick für viele zum Gericht führen wird. Auf eine besondere und vertraute Art ist Gott jedoch Vater für diejenigen, die eine Wiedergeburt erfahren haben und in die Familie Gottes aufgenommen worden sind. Wenn wir im Gebet Gott mit «unser Vater» ansprechen können, ist das ein Ausdruck einer gewissen Sicherheit, die man noch weiter erklären kann.

1. Der Vater ist zugänglich

Erstens deutet das Wort «Vater» *eine Ähnlichkeit und Zugänglichkeit* an. Wir sagen das mit Vorsicht und Ehrfurcht, weil Gott von Seinem ganzen Wesen her heilig und unendlich ist – im Gegensatz zu uns. In diesem Punkt gibt es eine gewisse Ähnlichkeit, und deshalb können wir uns an Gott wenden. Unsere irdischen Väter sind für uns keine fremden Wesen wie von einem anderen Planeten, weil wir ihnen ähnlich sind. Sie sind mit uns verwandt und gleichen uns. Genauso verhält es sich mit unserem himmlischen Vater. Wir beten kein Wesen an, das uns völlig unbegreiflich ist, denn wie Gott sind auch wir Persönlichkeiten. Auch uns hat Er einen Verstand gegeben; allerdings ist Sein Denken im Gegensatz zu unserem unendlich und herrlich. Wie Gott haben auch wir die Fähigkeit der Sprache und der Kommunikation. Er gibt sich selbst den Namen «Vater», um uns unter anderem auch an diese Ähnlichkeit mit Ihm zu erinnern. Das macht uns Mut.

Weil wir nach Seinem Bild geschaffen sind, können wir begreifen, dass Er ein Gott mit einem Vaterherzen ist, ein Gott, der uns zuhört. Mit dem Titel «Vater» gibt Gott uns eine Einladung und ein Recht zum Beten. Es ist so, als ob Er sagt: «Ihr seid meine Kinder, und ihr könnt zu mir kommen. Ich werde euch hören und danach handeln.» In biblischen Zeiten war es einem Sklaven nicht erlaubt, seinen Herrn «Vater» zu nennen. Nur die Kinder des Herrn hatten das Recht dazu. In diesem Licht betrachtet bekommt die Verwendung des Begriffs «Vater» durch den allmächtigen Gott eine besondere Bedeutung, als ob Er damit sagen will: «Ihr dürft mich Vater nennen, weil ihr nicht Sklaven oder Diener seid, sondern meine Kinder. Deshalb will ich euch empfangen.»

2. Die väterliche Güte Gottes

Zweitens sagt uns das Wort «Vater», *dass wir von Gott väterliche Güte erwarten können.* Ob wir nun Kinder oder Erwachsene sind, wenn unser irdischer Vater uns etwas Nettes sagt oder uns etwas schenkt, werden wir bestimmt nicht sagen: «Es ist erstaunlich, dass ich als ein Niemand so viel Güte erfahre.» Wenn wir Kinder sind, empfinden wir es nicht als seltsam, wenn unser Vater arbeitet, damit wir ein Dach über dem Kopf und etwas zu essen haben. Wir nehmen so etwas als selbstverständlich hin, weil wir von unserem Vater Fürsorge und Güte erwarten. Kein Kind kommt nach der Schule nach Hause und fragt sich, ob sein Vater es überhaupt erkennen oder mit ihm sprechen wird. Beim Herrn ist uns diese väterliche Güte ebenfalls sicher, und diese Tatsache macht uns als Kindern Gottes Mut. Wenn wir beten, brauchen wir keine Angst zu haben, dass Gott uns gegenüber hart und unnachgiebig auftritt. Unser Gott ist schliesslich unser Vater.

Kinder sind immer wieder ungehorsam und gehen in die Irre, aber ein Vater kann ihnen das nicht ständig vorwerfen. Er muss ihnen vergeben, sonst wird das Familienleben zu einem Alptraum. Wie viel gütiger ist doch der allmächtige Gott, in dem sich alle väterlichen Eigenschaften bis zu einem unendlichen Ausmass vereinen! Er freut sich an Seinen Kindern, hat Mitleid mit ihnen und versteht sie. Er wendet sich ihnen von ganzem Herzen zu, und Er gibt ihnen trotz ihrer Fehler und Schwächen Seine Gaben und Seinen Segen. Einem Vater würde es nie einfallen, seinen Kindern etwas zu verkaufen. Er schenkt ihnen alles, und auch der Herr ist ähnlich grosszügig. Indem Er sich als unser Vater bezeichnet, erklärt uns der Herr Seine väterliche Liebe.

3. Der Vater hat ein Recht auf unser Vertrauen

Drittens sagt uns der Begriff «Vater», dass der Herr *ein Recht auf unser Vertrauen* hat. Ein anschauliches Beispiel sind kleine Kinder, die ihrem Vater immer Respekt entgegenbringen, es sei denn, er muss sie bestrafen. Kinder blicken zu ihrem Vater auf. In der Regel zweifeln sie seine Fähigkeiten nicht an. Wenn der Vater auf einer Urlaubsreise mit der Familie am Steuer sitzt, wird das Kind, das auf dem Rücksitz sitzt, sich bestimmt nicht fragen: «Kann er das überhaupt? Ich habe gar nicht gewusst, dass er mit dem Auto so weit fahren und uns sicher ans Ziel bringen kann.» Einem Kind sind solche Zweifel fremd. Für ein Kind ist sein irdischer Vater gross und stark genug, um alles zu können. Deshalb muss Gott es als eine Beleidigung empfinden, wenn gläubige Menschen Seine Macht anzweifeln. Das Wort «Vater» erinnert uns daran, dass wir uns Gott mit Respekt nähern und Ihm voll und ganz vertrauen müssen.

4. Der Vater kennt Seine Kinder

Viertens bezeichnet das Wort «Vater» den einen Gott, der alles über uns weiss. Deshalb müssen wir Ihm gegenüber offen und bereit zur Reue sein, wenn wir uns Ihm nähern. Ein Vater kennt seine Kinder genau, weil er um ihre Stärken und Schwächen weiss. Auch wenn wir sagen «Unser Vater», sollten wir uns bewusst machen, dass unser himmlischer Vater unsere Gedanken und Wünsche kennt. In einem einzigen Augenblick überschaut Er unser ganzes Leben. Er hat uns bei unserer Geburt und auch bei unserer Wiedergeburt gesehen. Er weiss, was wir Ihm versprochen haben und wie viel wir Ihm schulden. Dieser Gedanke könnte uns erschrecken, wenn wir nicht wüssten, dass Gott ein Vater ist, der Seinen Kindern niemals einen Schaden zufügt. Er hat auch unsere täglichen Verfehlungen vor Augen, und deshalb sollten wir uns Ihm mit einem bussfertigen Herzen nähern.

5. Der Vater hat Massstäbe

Fünftens beinhaltet das Wort «Vater» für uns eine Ausrichtung nach Seinen Regeln und Massstäben. Damit wird ein grosser Fehler beim Gebet korrigiert, denn gläubige Menschen neigen dazu, Gott darum zu bitten, dass Er sie mit allem Nötigen versorgt und sie segnet, ohne Seine Regeln und Gesetze einzuhalten. Sie bemühen sich vielleicht gar nicht mehr, Ihm zu gehorchen und Ihm in Wort und Tat zu gefallen. Ein Vater kann jedoch Kindern, die sich Ihm widersetzen und Ihn kränken, keine besonderen Vorrechte einräumen. Wenn mein Gewissen nicht mehr den Wunsch verspürt, Gott zu gefallen, ich aber trotzdem zu Ihm als meinem himmlischen Vater bete, dann meine ich nicht wirklich, was ich sage. Wenn wir nicht *ernsthaft* die Sünde in unserem Leben in den Griff bekommen und besiegen *wollen*, wenn wir nicht *ernsthaft* nach Heiligung streben, dann sollten wir nicht erwarten, dass unsere Gebete erhört werden. Die Hausregel unseres Vaters umfasst zehn grundlegende Gebote, die sich aufteilen in viele weitere kostbare Richtlinien für unser Verhalten und unseren Charakter. Dazu gehört auch die berühmte «Frucht des Geistes» in Galater 5, aber auch Hinweise, wie Christen anderen Menschen dienen sollen. Diese Regeln müssen beachtet, respektiert und als erstrebenswert angesehen werden. Der Name «Vater» erinnert uns auch an Seine Massstäbe oder Hausregeln.

Zu diesen Punkten gehört auch unsere Pflicht der Dankbarkeit. Wenn wir über jeden einzelnen Punkt nachdenken, gilt unser Lob und Dank dem Ursprung und Geber alles geistlichen und weltlichen Segens.

6. Der Vater hat noch andere Kinder

Sechstens weckt der Begriff «Vater» (und natürlich besonders *unser* Vater) unser Verantwortungsgefühl für *andere* Familienmitglieder. In der Familie Gottes gibt es keine Einzelkinder. Wenn wir so beten wollen, dass es Gott gefällt, müssen wir uns als Teil seiner Familie verstehen. Deshalb müssen wir bereit sein, unsere Geschwister im Glauben in aller Demut zu akzeptieren, die Harmonie in der Familie Gottes aufrechtzuerhalten und dem Vater im «Familienteam» zu dienen. Ein unnahbarer Mensch, der sich von der Gemeinschaft mit anderen Kindern Gottes fernhält und eine eigenwillige, überkritische Haltung an den Tag legt, kann nicht wirklich beten: «Unser Vater». Ein gleichgültiger, gefühlskalter oder fauler Mensch, der von den Nöten und Schwierigkeiten seiner Brüder und Schwestern nichts wissen will und ihnen bei ihrer Arbeit für den Herrn nicht hilft, kann auch nicht sagen: «Unser Vater». Wenn er es dennoch tut, ist das Heuchelei. Die von Gott selbst gewählte Bezeichnung hat auch eine bestimmte Überzeugung und Ausrichtung zur Folge.

7. Der Vater sorgt für uns und führt uns

Siebtens zeigt das Wort «Vater» den Herrn natürlich als denjenigen, der Seine Kinder führt und beschützt. Der ideale Vater hat einen lenkenden und prägenden Einfluss auf das Leben seines Kindes. Er führt seinen Nachwuchs durch Kindheit und Jugend, und er sorgt für sein Kind. Deshalb müssen wir das vorausschauende Planen und Handeln Gottes zu schätzen wissen, wenn wir uns Ihm im Gebet nähern. Manchmal haben es gläubige Menschen sehr eilig, wenn sie sich in die Gegenwart Gottes begeben. Sie bitten Ihn um Hilfe bei Problemen und um alle denkbaren Segnungen. Der Schwerpunkt ihres Gebets liegt auf diesen Bitten: «Hilf mir; rette mich; gib mir!» Manchmal muss es Gott so vorkommen, als ob wir damit sagen wollen (obwohl wir es natürlich nicht wagen, so etwas offen auszusprechen): «Oh Herr, du lässt mich allein in zahllosen Schwierigkeiten, und deshalb muss ich dich anrufen und um Hilfe bitten. Du weisst wohl nicht, was mit mir passiert. Du kümmerst dich wohl nicht um meine Probleme. Du hältst wohl nicht deine Hand über mir. Trotzdem bin ich froh, dass du in Notfällen für mich da bist.»

Eine solche Art von Gebet ist für Gott natürlich eine Beleidigung. Wenn wir im Gebet das Wort «Vater» aussprechen, dann sollten wir dabei denken: «Weil Er ein vollkommener Vater ist, hat Er alles in Seiner Hand. Er weiss immer, was Er tut. Ich glaube an das vorausschauende Handeln Gottes. Wenn in meinem Leben eine Katastrophe geschieht, werde ich nicht in die Opferrolle schlüpfen. Ich werde zu Gott gehen mit der Gewissheit, dass Er weiss, was geschehen ist, dass Er es zugelassen hat und es mir zum Guten dienen lassen wird. Ich werde Ihn um Seinen Segen und um Kraft bitten, nicht etwa aus Verzweiflung und Hoffnungslosigkeit, sondern weil ich Ihm vertraue. Diese schwierige Situation wird mir helfen – beim Beten und dabei, meinen Glauben in die Tat umzusetzen. Bestimmt wird diese Notlage für mich zu einem ewigen Vorteil, denn alles ist in Seiner Hand. Ich bin Sein Kind, und er wird mich niemals aus Seiner väterlichen Obhut entlassen.» Das alles steckt in diesem einen Wort «Vater».

8. Im Haus des Vaters sind wir zu Hause

Achtens spricht der Begriff «Vater» von jemandem, dessen «Zuhause» wir teilen. Wir dürfen jederzeit Sein Haus betreten und darin umhergehen, als ob es uns gehört. So ist das ja auch bei irdischen Kindern. Das Wort «Vater» beinhaltet auch das *Vorrecht des Dazugehörens*. Es ist ziemlich schwierig, einem Kleinkind beizubringen, dass es bestimmte Zimmer im Haus nicht betreten darf. Für das Kind ist es nämlich nicht nur das Haus seiner Eltern, sondern auch *sein* Haus. Gläubige wissen instinktiv, dass sie vor Gott in Seinem geistlichen Haus, Seiner Gemeinde, wohnen dürfen, weil sie dorthin gehören. Hier sind wir zu Hause. Wir dürfen unsere Beine unter dem Tisch ausstrecken, als ob wir Söhne oder Töchter des Hauses sind. Wir dürfen uns an der Einrichtung freuen und den schönen Ausblick aus den Fenstern bewundern. Wir dürfen uns wohl fühlen in der Hausgemeinschaft des Glaubens, in allen ihren Herrlichkeiten. Hier trinken wir aus den Brunnen des Wortes Gottes, hier erleben wir den göttlichen Segen und können die Worte und Handlungen unseres Gottes genau beobachten. Eines Tages, wenn unser Glauben zum Schauen wird, werden wir in alle Ewigkeit diese Herrlichkeiten in ihrer ganzen Fülle geniessen.

Wenn wir zur Familie Gottes gehören, dann dürfen wir uns als Christen an unserem erlebten Glauben freuen. Wir hören die Stimme Gottes und sind fröhlich vor Ihm, weil wir in gewisser Weise «Eingeweihte» sind. Wir dürfen Ihm ganz nah sein, zwar immer voller Ehrfurcht, aber auch auf sehr vertraute Weise wie Kinder, die rufen: «Abba, lieber Vater!» Wenn wir auch manchmal eigensinnig sind und untreu, wenn wir uns fremd und Gott fern fühlen, kennen wir dennoch den Heimweg. Dann gehen wir voller Reue und Sehnsucht durch das Portal des Gebets und hinein in den Thronsaal, um «unseren Vater» aufzusuchen. Beim Wort «Vater» geht es auch um das Recht auf freien Zutritt.

9. Die Liebe des Vaters ist dauerhaft

Neuntens ist in der Bibel wohl kein anderer Begriff wie das Wort «Vater» für uns eine Lehre über unsere *ewige Sicherheit*. Vielleicht fallen wir vom Glauben ab oder werden kalt und gleichgültig, aber auf lange Sicht zieht Gott uns wieder zu sich, wenn nötig durch Züchtigung, und wir werden niemals verloren gehen. Schliesslich hören wir ja auch nie auf, Kinder unseres irdischen Vaters zu sein. Die Leute reden von ihrer Exfrau oder ihrem Exmann, aber niemand spricht von einem Ex*kind*. Auch wenn wir bis ans andere Ende der Welt wegziehen, bleiben wir immer das Kind unseres Vaters. Sollten wir vor unserem Vater sterben, bleiben wir sogar nach unserem Tod sein Kind, und er wird uns als solches in Erinnerung behalten. Dass Gott sich selbst als der Vater der Gläubigen bezeichnet, ist das konkreteste Zeichen für unsere ewige Sicherheit, denn es sagt uns, dass wir für immer Seine Kinder bleiben.

Diese Sicherheit, die im Wort «Vater» liegt, ist wohl kaum schöner ausgedrückt worden als im alten Londoner Glaubensbekenntnis der Baptisten aus dem Jahr 1689. Dort lesen wir diese dramatischen Zeilen:

«Und selbst wenn sich viele Stürme und Fluten erheben und auf sie (die Gläubigen) einstürzen, sind diese doch nicht in der Lage, sie von ihrem Fundament und Felsen zu stürzen, auf dem sie durch den Glauben befestigt sind. Dennoch kann durch Unglauben und die Versuchungen Satans die bewusste Wahrnehmung von Gottes Licht und Liebe eine Zeit lang vor ihnen verdunkelt und verborgen sein, doch bleibt Er derselbe, und sie sollen dessen gewiss sein, dass sie durch die Kraft Gottes zum Heil bewahrt bleiben, wo sie sich ihres erworbenen Eigentums erfreuen dürfen, die sie in Seine Handflächen eingraviert sind und deren Namen von Ewigkeit her im Buch des Lebens geschrieben stehen.»

Die Fülle der väterlichen Liebe

Wenn wir alles, was der Begriff «Vater» beinhaltet, im Gedächtnis behalten könnten, dann würden wir uns dem Herrn mit grösserer Dankbarkeit, Liebe und Sicherheit nähern. Dieses Wort sagt uns, dass Gott eine Person ist, die Gemeinschaft mit uns sucht, und wir uns Ihm deshalb nähern dürfen. Es sagt uns, dass wir auf Seine väterliche Güte zählen können, dass wir zu Ihm kommen müssen in respektvollem Glauben, im Vertrauen auf Seine Macht. Es sagt uns, dass Er uns sieht. Wir sind vor Ihm wie ein aufgeschlagenes Buch, und deshalb müssen wir unsere Sünde bereuen. Es sagt uns, dass wir ernsthaft danach streben müssen, Seine Massstäbe zu den unseren zu machen, um von Ihm gehört zu werden. Es sagt uns, dass wir in Harmonie mit der Familie Gottes leben müssen, um Ihm zu gefallen. Es sagt uns, dass wir Seine weise Voraussicht und Seine Herrschaft über unser Leben respektieren sollen. Dieses Wort ist Ausdruck unserer besonderen Position in Seiner Familie und unserer ewigen Sicherheit. In alle diese Punkte eingeschlossen ist unsere Verpflichtung zur Dankbarkeit. Wenn wir über jeden einzelnen Punkt nachdenken, loben und danken wir Gott als dem Ursprung und Spender aller unserer geistlichen und weltlichen Segnungen. Die Eröffnungsworte des Vaterunsers sagen so viel aus, dass wir bereits Segen empfangen, bevor wir mit unseren Bitten beginnen.

Kapitel 3

Wie wir Gott anreden sollen
«... der du bist im Himmel»

Wie gross ist unser Gott?

Jetzt lass' unsere Seelen auf erhabenen Flügeln
sich erheben von den Eitelkeiten der Zeit.
Zieh zurück den trennenden Schleier und
schau die Herrlichkeiten der Ewigkeit.
—Thomas Gibbons

Jeder Ausdruck dieses grossartigen Modellgebets ist eine Anleitung, und in diesen fünf Worten liegt eine bedeutende Lektion über die Anbetung Gottes. Wir verlieren sehr viel, wenn wir über diese Worte zu rasch hinweglesen. Sie sind nämlich mehr als nur eine Angabe über den Wohnsitz des Vaters. Dieser Ausdruck soll in uns eine würdige Haltung oder Einstellung gegenüber dem Herrn bewirken. Wenn das Herz kalt ist und unsere Gefühle wie ausgedörrt zu sein scheinen, dann können diese einfachen, aber richtig verstandenen Worte den Gläubigen zu einer neuen Wertschätzung gegenüber der Herrlichkeit Gottes führen, zu grosser Aufrichtigkeit und Leidenschaft. Sechs tief gehende Gedanken sollen unsere Einstellung beim Gebet prägen und uns zu einem echten Dialog mit dem Herrn führen.

1. Die unermessliche Grösse und Macht des Vaters

Erstens erinnert uns der Ausdruck «der du bist im Himmel» an die Grösse Gottes. Natürlich ist Er überall, aber Er soll angesprochen werden als der Eine, der die Himmel der Himmel bewohnt, weil diese Anrede in uns einen gewissen Realismus bewirkt und uns die richtige Perspektive gibt. Wir sollen dadurch in einem grossen Massstab denken, wie es auch vorgesehen ist. Der Himmel ist der Wohnsitz des transzendenten Gottes, des grossen Schöpfers, für den das gesamte Universum nur ein unermesslich winziger Fleck ist. Wenn wir Gott so anreden, dann rufen wir uns Seine Vormachtstellung, Seine unvorstellbare Grösse und Macht in Erinnerung, und wir empfinden Ehrfurcht. Vor einem solchen Gott hat Stolz keinen Bestand. Wir spüren, welches Vorrecht wir haben, uns Ihm nähern zu dürfen. Gleichzeitig merken wir, wie klein wir sind gegen diesen grossen Gott. Er ist unser mächtiger und herrlicher Gott, «der Grosse, der Heilige und Erhabene».

Heute ist es leider zu häufig der Fall, dass Gebet und Anbetung von Oberflächlichkeit und Ungezwungenheit geprägt sind. Geschickte Zurschaustellung und Unterhaltung haben einen zu hohen Stellenwert bekommen. Gläubige stolzieren im Gebet buchstäblich in die Gegenwart Gottes. Sie vergessen, mit wem sie es zu tun haben. Ihnen ist Seine erhabene Würde als König der Könige und Herr der Herren kaum noch bewusst.

Der Ausdruck «der du bist im Himmel» lässt uns klein werden, so wie die Heuschrecken in Jesaja 40 oder wie Staubkörnchen. Deshalb wissen wir es umso mehr zu schätzen, dass Er freundlich auf uns blickt, weil wir Seine Kinder sind. Mit dieser Sichtweise über den Herrn verändert sich auch unser Gebetsstil, denn einem solchen Vater können wir wohl kaum einen Katalog von unwesentlichen, subjektiven, vergänglichen Bitten präsentieren. Wir fühlen uns vielmehr dazu gedrängt, uns zur Ehre Seines Namens zuerst auf die grossen geistlichen Anliegen zu konzentrieren. Die Anrede «der du bist im Himmel» macht deshalb unsere Herzen offen, ruft uns zur Ehrfurcht und macht uns die Perspektive lebendig, die der Liederdichter so ausdrückt:

Auf Adlers Flügeln getragen
über das brausende Meer der Zeit,
getragen auf Adlers Flügeln
bis hinein in die Ewigkeit.
Über Berg und Täler und Gründe,
immer höher zur himmlischen Höh'.

2. Das himmlische Wesen des Vaters

Zweitens macht uns der Ausdruck «der du bist im Himmel» deutlich, dass Gott ein *himmlisches* und nicht ein irdisches Wesen ist. Er ist nicht wie wir ein schwaches, sterbliches Geschöpf. Natürlich sind wir in mancher Hinsicht nach Seinem Bild gemacht, aber trotzdem gleicht Sein Wesen nicht dem unseren. Er steht unendlich weit über uns. Man kann Ihn nicht sehen oder berühren. Er ist der geheimnisvolle, unfassbare, unsichtbare Gott, das einzige geistige Wesen, das aus sich selbst heraus existiert, der unergründliche Drei in Einem. Dieser Gedanke bestärkt uns darin, dass ein Gebet zu einem solchen Gott nur aus dem Glauben heraus gerichtet werden kann. Wenn man Ihn auf eine körperlich greifbare, konkrete Art spüren oder fühlen könnte, wäre das lediglich gleichzusetzen mit dem Ausleben der Fantasie, des Gefühls oder mit Mystizismus. Zweifellos gibt es beim Gebet auch eine Gefühlsebene. Wenn wir erkennen, dass Gott uns als Seine Kinder angenommen hat, dass Er uns segnen will, dann ist dieser Gedanke unglaublich bewegend. Auch gibt uns der Herr innere Gewissheit und Trost, wenn wir beten, aber das ist nicht gleichzusetzen mit einem «Fühlen» Gottes. Wir sollten auch nicht aus uns heraus ein Gefühl für Gott entwickeln oder so etwas zu unserem vorrangigen Ziel machen. Wir beten aus dem Glauben heraus, indem wir zu Gott kommen und glauben, dass unsere Gedanken durch die Kraft des Heiligen Geistes und durch das versöhnende Wirken Christi bis zum Thron Gottes gelangen. Weil wir erdgebundene Geschöpfe sind, können wir im Himmel nur gehört werden, wenn wir im Glauben an Christus sprechen, im vollen Vertrauen darauf, dass wir durch Ihn bei Gott Gehör finden. Auch wenn von Zeit zu Zeit unsere Gefühle nicht mitspielen und wir beim Gebet weder Freude noch Frieden empfinden, spielt das keine Rolle, weil allein der Glauben zählt. Der Glaube ist jedoch im Wesentlichen eine Sache der Vernunft. Gefühle sind ein schönes Geschenk Gottes und ein grosser Segen, aber falls es nötig ist, können wir auch ohne sie beten (wie es auch beim Psalmisten in Psalm 42 der Fall ist). Der einfache Glaube reicht völlig aus!

3. Die Souveränität und Zeitlosigkeit des Vaters

Wenn man den Wohnsitz des Vaters anerkennt, erinnert man sich gleichzeitig daran, dass Er sich ausserhalb der Zeit befindet. Er hat zwar diesem Universum einen zeitlichen Rahmen gegeben, aber Er ist der Schöpfer der Zeit und deshalb auch ihr Herr. Er herrscht über sie von Seinem ewigen, himmlischen Wohnsitz aus. Wir müssen uns Gott deshalb nähern als dem, der alles Geschehen überwacht, der die ganze Geschichte des Universums überschaut und auch jedes kleinste Detail unserer persönlichen Lebensgeschichte. Während unseres Erdendaseins lassen wir uns von der Zeit leicht einschüchtern. Wir fühlen uns von ihr gehetzt und beunruhigt. Oft haben wir Angst vor dem, was auf uns zukommt. Aber wenn wir Gott als unseren Vater im Himmel anreden, haben wir die Gewissheit, dass Er alles weiss und Er mit Seinem Plan auch in unserem Leben zum Ziel kommt. Auch in unserer Zeit hat Er das Endziel bereits in der Hand. Er weiss, wofür Er uns vorbereitet oder züchtigt. Er steht über der Zeit und Er hat einen souveränen Plan. Kein Geschehen innerhalb der Zeit kann die Ziele des zeitlosen, unfehlbaren Gottes gefährden. Er legt auch unsere Lebensspanne fest. Der Ausdruck «der du bist im Himmel» lenkt deshalb unsere Aufmerksamkeit auf Gott als Regenten über ein Universum, das Er in die Dimension der Zeit versetzt hat. Uns hilft diese Art der Anrede, voller Vertrauen und Zuversicht den Gott anzusprechen, der von einem erhabenen Thron aus regiert.

4. Der Vater in Seiner Erniedrigung

Die Tatsache, dass Gott im Himmel ist, bringt uns dazu, das Ausmass Seiner Erniedrigung richtig einzuschätzen. Er ist hoch erhaben, das höchste Wesen, das in ewiger Herrlichkeit und Glückseligkeit lebt. Was hat Er überhaupt mit der Erde zu schaffen? Warum sollte Er auf jämmerliche, unerwünschte Rebellen blicken, die sich selbst unter den Fluch einer gefallenen von Sünde zerstörten Welt gebracht haben? Ist unsere Welt für Ihn nicht etwas Abstossendes? Dennoch neigt sich der allmächtige, heilige Vater im Himmel herab, um sündigen, verachtenswerten Menschen eine Freundlichkeit zu erweisen, die sie gar nicht verdienen. Er betrachtet uns, und schon schlägt Sein grosses Herz voller Liebe zu uns. Der Eine, den die Engelheere in Reinheit und Vollkommenheit anbeten, bewegt sich unendlich weit herab zu sündigen Kreaturen. Er schickt sogar seinen eigenen Sohn zu uns, damit dieser unter schrecklichen Qualen für uns leidet und stirbt.

Auf eine unvergleichliche Art erniedrigt sich der ewige Vater und hört unseren geflüsterten mit Unglauben und Selbstsucht behafteten Gebeten zu. Wenn wir beten, «der du bist im Himmel», sollten wir daran denken, wie tief sich Gott herablässt, um mit uns in Verbindung zu treten. Uns sollte es immer wieder in Staunen versetzen, dass die Bibel sagen kann: «Was kein Auge gesehen, was kein Ohr gehört noch in keines Menschen Herz gekommen ist, was Gott bereitet hat denen, die Ihn lieben.»

5. Die Vollkommenheit und Reinheit des Vaters

Fünftens vermittelt uns der Ausdruck «der du bist im Himmel» einen Begriff von der Heiligkeit Gottes. Er gilt als ein Wesen, das aus einer ganz anderen Sphäre in unsere von Sünden behaftete Welt kommt. Er ist im Himmel, einem reinen und vollkommenen Reich, weit entfernt von jedem Verderben. Im Vaterunser geben wir Ihm dafür die Ehre. Diese Erkenntnis motiviert uns erneut, innezuhalten, unsere Herzen zu erforschen und alle unsere Sünden aufrichtig zu bereuen, bevor wir uns Gott nähern, weil Sein Thron sich an einem Ort der erhabenen Reinheit befindet. Wenn wir bei jedem unserer Gebete so vorgehen, gehen wir mit unseren Sünden nicht leichtfertig um. Wenn uns Heiligkeit gleichgültig ist und uns der Fortschritt unserer Charakterentwicklung kalt lässt, wie können wir als Gläubige dann ein sinnvolles Gespräch mit dem heiligen Gott erwarten? Wenn ein Mensch in seinem Leben und bei seinen Zielen nicht konsequent ist, kann er vom Herrn auch nichts erwarten. Jakobus warnt uns mit diesen Worten: «Ein solcher Mensch denke nicht, dass er etwas von dem Herrn empfangen wird.»

Diese Art der Anrede lehrt uns, Gott in diesem Sinne anzusprechen: «Unser Vater, der du bist im heiligen Himmel, du bist umgeben mit einem Glanz aus Reinheit und Vollkommenheit …» Wie können wir leichtfertig und heuchlerisch sein und uns gleichzeitig einem solchen Gott nähern?

6. Der Segensthron des Vaters

Wenn wir Gott als unseren Vater im Himmel anreden, wird uns schliesslich der starke Gegensatz zwischen Himmel und Erde bewusst. Wir erkennen auch, wie hoffnungslos es ist, von dieser Welt echte Hilfe, wahres Glück und dauerhaften Segen zu erwarten. Vielmehr müssen wir unsere Gebete von der Erde weg auf den Himmel richten, vom Fehlbaren zum

Unfehlbaren, vom Sterbenden hin zum Ewigen. Mit dem Ausdruck «der du bist im Himmel» lernen wir, unseren Blick bewusst auf den Gott zu richten, von dem allein Hilfe und Zufriedenheit kommen. Wir lernen auch, von dieser Welt nur wenig zu erwarten. Wir dürfen unser Vertrauen nicht auf ihre grossen Namen oder ihre wohlklingenden Versprechen stützen. Die einzige wirklich bedeutende Errungenschaft in dieser Welt war das Leben und Wirken des ewigen Gottessohnes, der vom Himmel kam und dorthin zurückgekehrt ist. Deshalb müssen wir den Vater als den Gott ansprechen, der im Himmel ist, und gleichzeitig begreifen, dass wir damit eine doppelte Aussage machen: Die Welt kann uns nicht zufrieden stellen, weil unsere grössten Hoffnungen und Bedürfnisse nur vom Himmel aus erfüllt werden können. Mit diesem Verständnis werden wir weniger schockiert und enttäuscht sein über die Mängel und Fehler dieser Welt, und wir werden auch nicht so stark umgetrieben von negativen Gefühlen wie Neid und Habgier.

Der Satzteil «der du bist im Himmel» ist eine scheinbar simple Redewendung, aber sie weckt Gedanken, die unsere Einstellung über das Gebet prägen. Sie macht den Gläubigen demütig durch die Erkenntnis über die unendliche Grösse des Herrn. Damit legt sie die Grundlage für heilige Scheu und Ehrfurcht. Sie vermittelt uns die Erkenntnis, dass Gott kein irdisches, sondern ein *geistiges* Wesen ist und wir uns Ihm deshalb im Glauben nähern müssen. Diese Anrede versetzt Ihn in eine Sphäre ausserhalb der Zeit und der Schöpfungsordnung. Sie ist ein Hinweis auf Seine Herrschaft und Seine göttlichen Ziele und eine Grundlage für unser Vertrauen und unsere Zuversicht. Sie öffnet uns die Augen über die Erniedrigung Gottes, denn Er neigt sich tief herab, um Seinen Kindern Seine Liebe und Sein Erbarmen zu zeigen. Sie bringt uns dazu, unsere Vorrechte wirklich wertzuschätzen und Ihn zu lieben und zu verehren. Aber sie warnt uns auch vor der Reinheit Gottes und vor der Notwendigkeit, uns Ihm in Reinheit und Heiligkeit zu nähern. Diese Anrede verstärkt in uns das Bewusstsein, dass wir nicht von dieser Welt sind, die uns nichts zu bieten hat, sondern wir auf den Herrn allein blicken sollen, wenn es um die grossen Nöte in unserem Leben geht.

Kapitel 4

Die erste Bitte
«Geheiligt werde dein Name»

Wie soll ich den ewigen Gott loben?

Unser himmlischer Vater, neige
dein Ohr zu dem Gebet, das wir dir bringen dar,
dein Name sei geheiligt fern und nah,
alles Fleisch sich vor dir beuge.
—James Montgomery

Wenn man etwas heiligt, dann erkennt man es als heilig an. Wenn man den Namen Gottes heiligt, erkennt man diesen Namen als heilig und vollkommen an. Warum sollen wir den *Namen* Gottes heiligen? In der Bibel steht der Name Gottes für Sein Wesen und Seine Eigenschaften. Wenn wir den Namen Gottes heiligen, bedeutet das eine Anerkennung und aufmerksame Wertschätzung Seiner Eigenschaften. Wir bewundern sie als unendlich kostbar. Wir gestehen uns offen ein, dass sie frei sind von der kleinsten Unreinheit und auf wunderbare Weise miteinander harmonieren. In Gott gibt es keine Dissonanz, keinen Widerspruch und keinen Wankelmut.

Wenn wir den Namen Gottes heiligen, dann ist das ein Lobpreis, aber auch ein Gebet. Wir bitten darum, dass ausser uns noch viele Menschen die Eigenschaften Gottes erkennen und diese in Ehrfurcht und Erstaunen wertschätzen. Es ist von grosser Bedeutung, dass der Herr diese Bitte in Seinem Modellgebet zuerst genannt hat. Bevor wir darüber nachdenken, welche Eigenschaften Gottes wir darin erwähnen sollen, ist es jedoch hilfreich, wenn wir erkennen, wie wirksam diese erste Bitte ist, wenn es darum geht, drei gefährlichen Einflüssen Einhalt zu gebieten, durch die Ehrfurcht und Respekt beim Gebet zunichte gemacht werden können.

1. Ein Heilmittel gegen Vermessenheit

Wegen unserer menschlichen Schwachheit kann das Gebet eine gefährliche Nebenwirkung haben. Schliesslich handelt es sich dabei um ein erstaunliches Vorrecht der Vertrautheit, und diese Vertrautheit kann unsere Ehrfurcht vor Gott verringern. Schlimmer wird das Ganze noch, weil wir uns Ihm so leicht nähern können. Wir können immer und überall zu Ihm kommen, und wir können uns sicher sein, dass Er uns sofort empfängt. Wir müssen keinen Termin mit Ihm vereinbaren und Seine uneingeschränkte Aufmerksamkeit ist uns immer sicher. Diese Segnungen können dazu führen, dass wir Seine Macht und Majestät nicht genügend würdigen.

Jeder von uns weiss, dass wir Menschen dazu neigen, andere Leute (oder Dinge) nicht wertzuschätzen, wenn sie *leicht* zugänglich (oder zu bekommen) sind. Im alttestamentlichen System der Gottesanbetung wurden die Menschen in gewisser Weise geschult. Ehrfurcht gebietende Vorgehensweisen, darunter Rituale und Symbole, liessen eine ungezwungene Annäherung an Gott gar nicht erst zu. Die Symbolik vermittelte zwar schon den Gedanken, dass Gott unter den Menschen weilte, aber Er wurde dennoch als ein heiliger Gott dargestellt, dem man sich mit Furcht und Zittern nähern musste.

In Christus ist diese Distanz zur Nähe geworden, und auch die Furcht und das Zittern sind verschwunden. Wir dürfen buchstäblich in die Gegenwart Gottes rennen, aber genau deshalb könnten wir den Respekt vor Ihm verlieren. Manchen Christen fällt es leichter, ein Gespräch mit Gott zu führen als mit dem Direktor der Firma, in der sie arbeiten. Letzterer scheint sogar bedeutender und wichtiger zu sein als Gott. Wenn man zu Beginn des Gebets die Heiligkeit der unendlichen Eigenschaften Gottes anerkennt, dann ist das ein wichtiges Gegenmittel gegen diese Art von Vermessenheit.

2. Fehlender Wertschätzung Einhalt gebieten

Die Notwendigkeit einer solchen Bitte entsteht auch, weil wir uns Gott dem Vater durch das Verdienst Seines Sohnes Jesus Christus nähern. Nicht wir, sondern Er hat dafür bezahlt, dass wir zu Gott kommen können. Weil Christus Seine vollkommene Gerechtigkeit für uns als Opfer dargebracht hat, ist die Erlösung und der Zugang zu Gott nicht nur leicht, sondern auch frei. Es kann deshalb schnell passieren, dass man es gar nicht mehr schätzt, wenn der Herr sich leicht suchen und finden lässt.

Wenn Gemeinden die Verbreitung christlicher Literatur in Entwicklungsländern unterstützen, hören sie von dortigen Pastoren häufig diese Bitte: «Verteilt die Bücher und Schriften nicht ganz kostenlos, denn dann werden sie nicht ernst genommen oder richtig geschätzt.» Ähnlich ist es bei uns. Der freie Zugang zu Gott kann unsere Wertschätzung für den Segen und den Spender des Segens vermindern. Schlimmer noch: Wir können Gott um kleine, aber auch um grosse Dinge bitten. In Seiner Liebe und Erniedrigung macht sich der Herr der Herrlichkeit so verfügbar wie der altmodische Tante-Emma-Laden. Er sorgt auch für unsere kleinsten Bedürfnisse. Auch das kann dazu führen, dass wir Seine Grösse und Vollkommenheit nicht mehr wertschätzen. Wenn wir uns aber die Majestät Gottes vor Augen stellen, werden wir vor diesem Fehler bewahrt.

3. Ein Gegenmittel gegen Respektlosigkeit aus Unwissenheit

Unser begrenztes Wissen über die blosse Grösse Gottes beraubt uns auch der Ehrfurcht vor Ihm. Wir können keine heilige Scheu vor der göttlichen Majestät empfinden, weil Gott für uns unsichtbar ist. Wenn Er uns nur einen winzigen Einblick in Seine Macht geben würde, wären wir von Furcht und Schrecken erfüllt. Er begegnet uns jedoch nicht auf einschüchternde Art mit einer hörbaren Stimme, die so mächtig ist wie viele tosende Wasser. Wenn wir uns Ihm nähern, legt Er uns nichts Beängstigendes in den Weg. Wir sind vielmehr zu einem vertrauten Umgang mit Ihm eingeladen. Auch wenn wir sündigen, lässt Gott vom Himmel her kein Donnergrollen ertönen, um uns wegen unseres Versagens zu tadeln. Furcht flösst uns gefallenen Menschen Respekt ein, aber dennoch haben wir keinen Grund, vor Gott Angst zu haben. Das Heilmittel Christi bei unserer Neigung, Ehrfurcht und Wertschätzung leicht zu verlieren, ist nicht Einschüchterung oder mehr Strenge, sondern Er lehrt uns zu beten: «geheiligt werde dein Name». Er bringt uns bei, wie wir unsere Ehrfurcht und Demut behalten, indem wir die Eigenschaften Gottes zu Beginn unserer Gebete überdenken und anerkennen. Natürlich müssen wir wenigstens ein paar dieser Eigenschaften benennen und bewundern. Aber wie können wir das tun, wenn wir sie uns nie eingeprägt haben?

Es wurde schon behauptet, dass «geheiligt werde dein Name» wie ein Gebet *für* Gott klingt, ganz so, als ob Gott es nötig hätte, dass wir für Ihn beten. Das ist natürlich nicht der Fall. Erstens soll diese Bitte eine eindeutige Anerkennung der göttlichen Eigenschaften sein. Zweitens soll damit die Unterordnung unter Seinen Willen ausgedrückt werden. Drittens ist sie ein Gebet dafür, dass Gott in Seiner Vollkommenheit noch von vielen Menschen angebetet und verehrt wird. Viertens ist diese Bitte eine Bestätigung, dass Gott eines Tages Seine Herrlichkeit allen zeigen wird, sogar den Widerspenstigen, wenn sie gerichtet werden.

Die Eigenschaften Gottes verherrlichen

Wie kann ich die Eigenschaften Gottes preisen? Offenbar muss ich von dem einzigen, aus sich heraus existierenden Schöpfer sprechen, dem alleinigen Ursprung und Spender des Lebens. Diese Gedanken muss ich auch aussprechen. Ich muss sagen: «Herr, du bist das einzige ewige Wesen, und alles, was lebt, kommt von dir.» Im Wort Gottes finden wir ein sehr gutes Beispiel für diesen Lobpreis der Wesenszüge Gottes in Jeremia 10,6–7 und 12.

«Doch dir, o Herr, ist niemand gleich! Gross bist du, und gross ist dein Name an Macht! Wer sollte dich nicht fürchten, du König der Völker? Denn dir gebührt dies; unter allen Weisen der Völker und in allen ihren Königreichen ist keiner wie du! Er ist's, der die Erde erschaffen hat durch seine Kraft, der in seiner Weisheit den Weltkreis abgegrenzt und mit seinem Verstand den Himmel ausgespannt hat.»

Psalm 71 hebt ebenfalls die Heiligkeit und Vollkommenheit Gottes hervor. Im fünfzehnten Vers sagt der Psalmist: «Mein Mund soll erzählen von deiner Gerechtigkeit, von deinen Hilfserweisen Tag für Tag, die ich nicht zu zählen weiss.»

Eine Vielzahl von Lobliedern beginnt mit dieser Anerkennung des ewigen, unendlichen Wesens Gottes, Seiner Macht und Majestät. Es folgen ein paar Beispiele. Viele Lieder beginnen so, wie der Herr es uns im Vaterunser gelehrt hat.

O Jesus Christus, wahres Licht,
erleuchte, die dich kennen nicht,
und bringe sie zu deiner Herd',
dass ihre Seel' auch selig werd'!

Erfülle mit dem Gnadenschein,
die in Irrtum verführet sein;
auch die, so heimlich ficht noch an
in ihrem Sinn ein falscher Wahn!

Und was sich sonst verlaufen hat
von dir, das suche du mit Gnad'
und ihr verwund't Gewissen heil,
lass sie am Himmel haben teil!

Den Tauben öffne das Gehör,
die Stummen richtig reden lehr',
die nicht bekennen wollen frei,
was ihres Herzens Glaube sei!

Erleuchte, die da sind verblend't,
bring her, die sich von uns getrennt,
versammle, die zerstreuet geh'n,
mach feste, die im Zweifel steh'n!

In diesem Lied kommt der Beter erst in der letzten Strophe auf seine eigenen Bedürfnisse zu sprechen.

So werden sie mit uns zugleich
auf Erden und im Himmelreich,
hier zeitlich und dort ewiglich
für solche Gnade preisen dich.

Ein weiteres Lied konzentriert sich zu Beginn ebenfalls mit erhabenen Worten auf die Grösse Gottes.

Lasst uns dem Ew'gen singen,
dem, der so viel getan,
o preiset seine Güte:
Kommt, stimmt ein Loblied an!

Singt ihm, dem Unsichtbaren,
dem ewig treuen Gott,
der Jesus gab zum Opfer
für Sünder in den Tod!

Nun lobe meine Seele
den Herrn in Freud' und in Leid!
O, rühme seine Gnade:
Sie trägt uns allezeit.

Eine weitere, sehr typische Strophe lautet:

Lasst laut sein Lob erschallen;
wenn wir einst droben steh'n,
dann werden unsre Lieder
ihn ewiglich erhöh'n.

Liederdichter aus vergangener Zeit haben verstanden, was der Erlöser meinte, als Er uns gebot zu beten: «Geheiligt werde dein Name.» Wir müssen die Eigenschaften des allmächtigen Gottes erwähnen und Ihn dafür loben und anbeten – nicht nur, wenn wir öffentlich beten, sondern auch im stillen Kämmerlein. Im Modellgebet des Herrn kommt das Lob Gottes vor unseren persönlichen Nöten und Bedürfnissen. Natürlich können wir beten: «Wir danken dir, Herr, dass die Erde so wunderschön ist», aber mit diesem Satz sollten wir nicht unser Gebet beginnen. Zuerst sollten wir uns daran erinnern, *wer* Gott ist, und Ihm dafür die Ehre geben. Wir sollten uns zu Ihm bekennen als dem Gott, der alles plant und sieht und der alles, was geschieht, in Seiner Hand hält. Wir sollten *Seine* Macht und Herrschaft über alle Lebensbereiche anerkennen und dabei unsere Wertschätzung zum Ausdruck bringen. Wir wollen Ihm nicht vorschnell unsere Bitten vorbringen, ohne uns zuerst zu fragen: «Wer ist mein Gott? Wer ist der, zu dem ich bete?»

Gott erteilt Mose eine Lektion

Im Gebet mit den Eigenschaften Gottes beginnen – das ist eine Praxis, die neben dem Vaterunser in vielen weiteren Bibeltexten vorkommt. So enthält der Bericht in 2. Mose 34,5–7 eine wunderbare Lektion über das Gebet. «Da kam der Herr in einer Wolke herab und trat dort zu ihm und rief den Namen des Herrn aus. Und der Herr ging vor seinem Angesicht vorüber und rief: Der Herr, der Herr, der starke Gott, der barmherzig und gnädig ist, langsam zum Zorn und von grosser Gnade und Treue; der Tausenden Gnade bewahrt und Schuld, Übertretung und Sünde vergibt, aber keineswegs ungestraft lässt, sondern die Schuld der Väter heimsucht an den Kindern und Kindeskindern bis in das dritte und vierte Glied!»

«Geheiligt werde dein Name» bedeutet auch, dass wir diese Eigenschaften Gottes widerspiegeln. Als der Herr zu Mose sprach, erwähnte Er Seine Barmherzigkeit zusammen mit Seiner Gnade, Güte, Wahrheit und Gerechtigkeit. Alle diese Eigenschaften sind hier vorhanden.

Die reinste Form, wie die heiligen Wesenszüge Gottes in vollkommenem Gleichklang wirken, ist erkennbar am Kreuz von Golgatha, wie wir es uns oft in Erinnerung rufen. Wir sehen hier die Gerechtigkeit und das Gerichtshandeln Gottes. Er muss die Sünde bestrafen, um Seiner Gerechtigkeit treu zu bleiben. Aber dennoch will Er auch Seine grosse Barmherzigkeit, Freundlichkeit, Gnade und Güte in der Erlösung ausdrücken. Als Christus die Strafe für unsere Sünden auf sich nahm, verband sich die Gerechtigkeit mit der Barmherzigkeit, um die Harmonie der göttlichen Eigenschaften unter Beweis zu stellen. Mit der Bitte «geheiligt werde dein Name» beten wir auf eine andere Art dafür, dass die Eigenschaften Gottes, wie sie auf Golgatha sichtbar wurden, von unzähligen Menschen begriffen und geliebt werden.

Wer den Namen Gottes nicht heiligen kann

Liberale Theologen und alle anderen, die nicht glauben, dass die Bibel das inspirierte, unfehlbare Wort Gottes und Christus Gott und Herr ist, können nicht aufrichtig beten «geheiligt werde dein Name», weil sie nicht an die Unfehlbarkeit des ewigen Gottessohnes glauben. Sie akzeptieren weder den biblischen Bericht über Ihn als Wahrheit, noch Seine Auslegung des Alten Testaments. Ihrer Meinung nach hat Er Fehler gemacht, und Er konnte nicht voraussagen, wo Sein Leben und Wirken enden würde. Ihre gotteslästerlichen Ideen kleiden sie in Wirklichkeit in diese Worte: «Herr, dein Name und deine Eigenschaften sollen nicht geheiligt, sondern lediglich angesehen werden als Ausdruck menschlichen, unvollkommenen Handelns.»

Es ist erschreckend, dass sogar aufrichtige, bibelgläubige Christen in den Augen Gottes ungeeignet sind, zu sagen: «Geheiligt werde dein Name.» Diese Untauglichkeit wird in Jeremia 9,22–23 so beschrieben: «So spricht der Herr: Der Weise rühme sich nicht seiner Weisheit und der Starke rühme sich nicht seiner Stärke, der Reiche rühme sich nicht seines Reichtums; sondern wer sich rühmen will, der rühme sich dessen, dass er Einsicht hat und mich erkennt, dass ich der Herr bin, der Barmherzigkeit, Recht und Gerechtigkeit übt auf Erden! Denn daran habe ich Wohlgefallen, spricht der Herr.»

Die herausfordernde Frage lautet hier: Wie können wir beten «geheiligt werde dein Name», wenn unsere Herzen voller Stolz, Selbstvertrauen und Unabhängigkeitsstreben sind? Dieser Stolz überragt unsere aufrichtige und totale Ehrfurcht vor Gott, weil wir nicht sagen können: «Herr, ich bin voll und ganz abhängig von dir. Sogar meine natürlichen Fähigkeiten sind nutzlos, wenn du nicht mit mir bist. Wenn dein Segen nicht auf meiner Arbeit liegt, auf meinen Beziehungen zu anderen Menschen und meinem Dienst für dich, kann ich vor dir nicht bestehen.» Erst nachdem wir uns befreit haben von unserem stolzen Selbstvertrauen, wissen wir die Eigenschaften Gottes wirklich zu schätzen.

Mein Wunsch ist es, dass das Wesen und die Eigenschaften Gottes in meinem Lobpreis geheiligt und wertgeschätzt werden. Mein Handeln soll dieser Bitte entsprechen. Auch wenn ich darum bete, dass der Name Gottes in der Welt wertgeschätzt wird, will ich mit meinem persönlichen Zeugnis dazu beitragen. Ich will die Boten Gottes unterstützen und stärken, damit sie unzähligen Menschen von Seinen Eigenschaften erzählen. Wenn ich das nächste Mal bete, will ich nicht sofort meine eigenen Bitten vorbringen, sondern den Namen Gottes auf glaubwürdige Art heiligen, und zwar mit meinen eigenen Worten und ausführlicher als in der verkürzten Anweisung des Modellgebets. Seine Vollkommenheit soll erhoben und respektiert und Sein heiliger Name geehrt werden!

KAPITEL 5

Die zweite Bitte
«Dein Reich komme»

DEN UNTERSCHIED ZWISCHEN ERDE UND HIMMEL ERKENNEN

Finster, finster ist der Nacht dunkler Schein,
aber bald zeigt sich das Morgenlicht
und herrlich, herrlich wird es sein
dort im Land Immanuels.
—Anne Ross Cousin

Die zweite Bitte im vollkommenen Modellgebet unseres Herrn lautet: «Dein Reich komme.» Wir müssen uns den Unterschied zwischen der zweiten und der dritten Bitte bewusst machen. Die dritte Bitte lautet: «Dein Wille geschehe, im Himmel wie auf Erden.» In beiden Bitten geht es um die Herrschaft des allmächtigen Gottes, aber «dein Reich komme» bezieht sich auf das ewige Endziel, während «dein Wille geschehe» aufzeigt, wie Gott auch heute Menschen auf dieses ewige Ziel hin rettet und vorbereitet.

«Dein Reich komme» – mit dieser Bitte hält man inne und freut sich daran, dass das Reich Gottes ganz bestimmt kommt. Man identifiziert sich mit Seinem Plan und denkt darüber nach, wie unermesslich überlegen Sein Reich ist im Vergleich zu allem, was es in dieser Welt gibt. Wenn man diese Bitte ehrlich meint, dann braucht man eine klare Sicht über das Reich

Gottes, über seine Zusammensetzung, seine Bewohner, seine Segnungen und Wunder. «Dein Reich komme» ist hauptsächlich ein Gebet um eine demütige Zustimmung und ein totales Annehmen dessen, was Gott zur Vollendung bringen wird. Mit anderen Worten sagen wir: «Herr, als dein Kind stehe ich von ganzem Herzen hinter deinem ewigen Plan, und ich kann schon jetzt seine Herrlichkeit erkennen. Herr, ich habe Sehnsucht nach deinem herrlichen Reich, in dem jede Sünde und jeder Schmerz verschwunden sein wird und in dem Vollkommenheit und Herrlichkeit sich für immer durchsetzen werden. Dieses Reich ist mein grösster Wunsch. Ich bitte darum, dass die Wahrheit sich endlich behauptet und die Pläne des Erlösers sich erfüllen, damit Er in alle Ewigkeit herrschen kann.»

Diese zweite Bitte unterscheidet sich von den vorherigen Worten des Vaterunsers. Mit «unser Vater» ehren wir Gott als unseren Vater. Diese Worte helfen uns, Ihn zu schätzen, zu lieben und Ihm zu vertrauen. Die Worte «der du bist im Himmel» bestätigen Seine Herrschaft über die Zeit und die Erde. Sie ermöglichen es uns, unseren Blick von dieser Welt abzuwenden und Ihm unser volles Vertrauen zu schenken. Die Bitte «geheiligt werde dein Name» bringt uns dazu, Gott anzubeten und uns auf Seine Eigenschaften zu konzentrieren. Aber wenn wir beten, «dein Reich komme», dann denken wir an das Endziel Gottes. Wir werden dazu gebracht, mit Sehnsucht das kommende Reich Gottes zu erwarten.

Das Irdische veranschaulicht das Himmlische

Gegenwärtig wird der allmächtige Gott von Millionen Menschen abgelehnt in dieser sündigen, gefallenen Welt, in der Grausamkeit und Ungerechtigkeit herrschen. Es kommt eine Zeit, da diese Welt vernichtet, jede Rebellion beendet und alles von der Sünde Verdorbene gereinigt und schliesslich wieder der Vollkommenheit zugeführt wird. Dann wird sich Gott als der erweisen, der Er wirklich ist. Er wird auf ewig geliebt und angebetet werden. Dann wird unser siegreicher Herr nicht mehr in Frage gestellt werden. Alle Erlösten im Himmel werden Ihn in alle Ewigkeit anbeten, bewundern und Ihm gehorchen. Wie wird das kommende Reich Gottes beschaffen sein? Welcher Gedankengang bringt uns dazu, diese Bitte mit echter Sehnsucht auszusprechen? Die Antwort liegt im Wort «Reich». Der Himmel als vollkommenes Reich wird alle von irdischen Reichen angestrebten, aber nie erreichten Ideale und Ziele einschliessen. Das «Ideal» für ein irdisches Reich vermittelt eine Veranschaulichung des Himmelreiches.

1 Die wichtigste Person im Reich Gottes ist der *König*. In alten Zeiten wurde der Wert eines Landes an der Grösse seines Königs gemessen. Keine Nation konnte als gross angesehen werden, wenn ihr Monarch bei deren Verteidigung versagte, ungerecht war, nicht über genügend finanzielle Mittel verfügte oder kein Interesse am Elend seines Volkes hatte. Die Herrlichkeit des Himmelreiches ist Christus, sein König. Als Herrscher ist Er in jeder Hinsicht vollkommen. Im Hinblick auf Grösse und Majestät ist Seine Macht grenzenlos. Sein Thron ist umhüllt von Herrlichkeit, Glanz und Reinheit. Er ist umgeben von Millionen Engeln, einer unzählbaren Schar von herrlichen Wesen, die Ihm ständig dienen. Kein Reich auf Erden hat jemals einen Herrscher gehabt, der göttlich ist, der niemals versagt und dessen Weisheit und Freundlichkeit unendlich gross ist. Christus ist der Mittelpunkt Seines Reiches. Hier ist Er mitten unter Seinem Volk.

Im ganzen herrlichen Weltenraum
herrschst du wie der Sonne Glanz.
Der ew'ge Lobpreis gilt dir,
o Gott, aus dem Munde der grossen Schar.
Würdig, o Lamm Gottes, bist du,
jedes Knie sich vor dir beuge immerdar.

2 Wie irdische Reiche hat das Himmelreich eine *feste und bewachte Grenze,* um Eindringlinge fernzuhalten und des-

sen Segen und Frieden zu erhalten. Nichts Unreines kann dort eindringen, kein Gräuel und keine Lüge. Draussen sind «die Hunde und die Zauberer und die Unzüchtigen und die Mörder und die Götzendiener und alle, die die Lüge lieben und tun». Das Reich Gottes ist ein Ort der unvergänglichen Reinheit und Vollkommenheit.

3 Den besten unter den irdischen Staatsformen ist *das Wohl der Armen und Bedürftigen* sehr wichtig. Das Himmelreich übertrifft diese Staaten jedoch bei weitem, weil es geprägt ist von einer Atmosphäre der Gnade. Alle, die dort leben, erfahren das Wohlwollen des Königs. Mühevolle Arbeit, Steuern und Abgaben gibt es dort nicht.

4 Irdische Reiche brauchen eine *gut funktionierende Verwaltung,* in der Regel eine Bürokratie oder einen Staatsdienst. Je grösser das zu verwaltende Gebiet ist, desto grösser muss dieser Verwaltungsapparat sein und desto grösser ist die Distanz zwischen dem Volk und den oder dem Regierenden. Bürokratien arbeiten meistens langsam, behandeln diejenigen, die sie in Anspruch nehmen müssen, mit Herablassung, begehen Fehler und häufig auch Ungerechtigkeiten. Aber das Himmelreich hat keinen Staatsdienst. Dort gibt es nur dienende Engel, die den Befehlen Christi sofort gehorchen. Als König hat Er alle, die zu Ihm gehören, stets vor Augen, und sie können direkt mit Ihm kommunizieren. Obwohl das künftige Reich Gottes unendlich grösser und dichter bevölkert ist als das riesigste irdische Reich, ist es ein wunderbarer Ort der vollkommenen Gemeinschaft mit dem Herrn und der Bürger des Himmelreiches untereinander.

5 Irdische Regierungsformen gelten als gut, wenn in ihnen ein gewisses Mass an *Freiheit* herrscht. Als ideal wird ein Staatswesen angesehen, wenn in ihm eine ausgewogene Mischung aus Gesetz und Ordnung und Freiheit vorhanden ist, aber nur im Himmel, dem Land der wahren Freiheit, wird die-

ser Idealzustand erreicht. Im Himmel machen alle genau das, was sie wollen, weil der verherrlichte Gläubige sich daran freut, das Heilige und Vollkommene zu tun. Jede Bindung an sündhafte Begierden und Gelüste gehört der Vergangenheit an. Es gibt keine Furcht mehr, weil alle Formen von Angst wie Verlustangst, Angst vor Schmerz, vor Verrat, Versagen, Krankheit oder anderem Leid für immer verschwunden sind.

Gott muss in diesem irdischen Leben Seine Kinder züchtigen, um sie von der Sünde fernzuhalten, aber der Tag kommt, an dem die mit dem Blut Seines Sohnes erkauften Herzen so stark mit Ihm übereinstimmen, dass sie sich vollkommen frei ausdrücken können. Sie werden Bürger eines Reiches sein, in dem die höchste Form der Würde und Freiheit herrscht und in dem sie aus freien Stücken und voller Freude der göttlichen Ordnung folgen.

6 Irdische Reiche erheben den Anspruch auf *Gleichheit und Brüderlichkeit,* aber trotzdem sind sie noch immer geprägt von Ungleichheit und sozialer Ungerechtigkeit. Sogar die wirtschaftliche Stabilität von Nationen beruht auf der Tatsache, dass es bei ihnen eine Unterschicht gibt. Es wird immer Arbeitgeber und Arbeitnehmer geben, Reiche und Arme, Gebildete und Ungebildete, Hauseigentümer und Mieter und viele weitere Unterschiede. Jedes irdische Staatswesen ist durchsetzt von Klassenunterschieden und Ungleichheiten.

Das einzige Land, in dem wahre Gleichheit und Brüderlichkeit herrschen, ist das Himmelreich. Dort sind alle glücklichen Untertanen des Königs in Seinen Augen gleich.

Das einzige Land, in dem wahre Gleichheit und Brüderlichkeit herrschen, ist das Himmelreich. Dort sind alle glücklichen Untertanen des Königs in Seinen Augen gleich. Alle geniessen die gleichen Vorrechte und den gleichen Segen. Hier wird Reichtum von allen geteilt. Nur hier gibt es keine Reichen und Armen, keine Ober- und Unterschicht, keine Kluft zwischen Gesunden und Kranken, Gerechten und Ungerechten, weil die Bürger dieses Reiches Erben sind, die vom

König alle dieselbe Liebe erfahren. Hier ist auch der Ort, an dem es vollkommene Gemeinschaft, uneingeschränkte Nähe und Harmonie unter allen Bürgern geben wird, so wie es der Dichter sagt:

Wir werden gänzlich frei von Sünde und von Leid,
wo ew' ge Liebe nur regiert in alle Ewigkeit.

7 Irdische Staatswesen haben eine *Gesetzgebung*. Die Qualität der erlassenen Gesetze ist ein Massstab für die Beurteilung eines Staates. Das Himmelreich hat die weiseste, reinste Gesetzgebung, weil die Gebote Gottes ein Ausdruck Seines eigenen, heiligen Wesens sind. Wie wir bereits festgestellt haben, wird nichts in das Reich Gottes hineinkommen, was sich nicht im Einklang mit Seinen Gesetzen befindet. Die Kinder Gottes werden alle Seine Gebote auf vollkommene Art einhalten, weil sie sündlos und deshalb dazu fähig sein werden. Im Himmel dienen die Gesetze Gottes nicht dazu, durch Verbote und Warnungen vor dem göttlichen Zorn die Wirkung der Sünde einzudämmen. Im ewigen Reich Gottes braucht man keine Verbote, um eine fleischliche Gesinnung zurückzudrängen, sondern die «gegensätzlichen, positiven Wesenszüge» des Gesetzes werden alles überstrahlen.

8 Irdische Reiche können sich vielleicht ihrer *grossartigen Bauwerke und herrlichen Landschaften* rühmen, ihres fortschrittlichen Schulsystems und ihres modernen Gesundheitssystems, aber nichts lässt sich vergleichen mit der Herrlichkeit des Himmelreiches. Wenn wir sagen: «Dein Reich komme», dann ist das auch ein Ausdruck unserer Vorfreude auf eine Schönheit, die unser menschliches Vorstellungsvermögen übersteigt, die ausgestattet ist mit einem Klima der Liebe, der Akzeptanz und der Freude an Gott. Das ewige Reich wird eine perfekte Infrastruktur haben und den höchsten Bildungsstand, den man sich vorstellen kann. Selbst bei unserer Ankunft dort werden wir einen immensen Erkenntnisschub er-

fahren und die tiefen göttlichen Wahrheiten in einem bisher unvorstellbaren Ausmass begreifen. Aber das wird nur der Anfang sein, denn wir werden die ganze Ewigkeit damit verbringen, immer mehr von der unendlichen, ewigen Grösse und Herrlichkeit Gottes in uns aufzunehmen. Jeder von uns wird zu intellektueller und geistlicher Brillanz heranreifen.

Es ist gut, für das Kommen des Himmelreiches zu beten. Natürlich freuen wir uns auf die Freiheit von Sünde, auf vollkommenes Glück und Harmonie. Wir sollten uns jedoch nicht nur aus unserer eigenen Perspektive danach sehnen, sondern wir sollten sie uns herbeiwünschen um der Ehre Gottes willen. Wir sollten ein tiefes Verlangen haben nach der Zeit, wenn Gott in Seinem Handeln bestätigt und geliebt wird von Millionen Menschen, die Er geschaffen und erlöst hat. Unser Gebet ist ein Ausdruck des Vertrauens darauf, dass Gott den Himmel genauso gestalten wird, wie Er ihn geplant hat, ganz nach Seinem Geschmack, und ihn bevölkern wird mit denen, die Er darauf vorbereitet hat. Der Himmel wird der Zenith der Erlösung, der Vollkommenheit, des Glücks und der Herrlichkeit sein.

Der Herr Jesus Christus spricht zwar den Vater an, wenn Er uns lehrt zu beten, «dein Reich komme», aber wir erkennen, dass es auch Sein Reich ist. Sicherlich ist der Himmel das Reich der gesamten Gottheit, aber in der Bibel wird er auch als das Reich Christi bezeichnet, weil Er uns durch Sein Sühnopfer erkauft hat. Er ist auch die Person der Gottheit, die als unser sichtbarer König auftreten wird. Als Er auf Erden war, war Er der Vertreter Seines Volkes. Er nahm eine niedere Stellung ein und ordnete sich dem Vater unter, aber jetzt, da Er aufgefahren ist in den Himmel und Seine frühere Position in der Herrlichkeit wieder eingenommen hat, ist das Himmelreich hauptsächlich *Sein* Reich.

Mit der Bitte «dein Reich komme» geben wir auch zu verstehen, dass es noch nicht gekommen ist. Dieses Reich liegt noch immer in der Zukunft. In der Weltgeschichte beobachten wir momentan die ständige Sammlung von Seelen zur Erlösung. Wenn wir beten, «dein Reich komme», dann identifizieren wir uns nicht nur mit dem Plan Gottes, sondern wir erkennen auch das Ausmass, in dem Er Sein ewiges Reich nach und nach aufbaut.

Wenn wir die Bibel richtig verstehen, wird es kurz vor dem Ende einen grossen Abfall vom Glauben geben. Je näher das Ende kommt, desto mehr können wir diese Entwicklung erkennen. Bald wird der Tag kommen, an dem die Elemente schmelzen werden vor Hitze. Gott wird dann die Welt in Schönheit und Reinheit wieder erschaffen. Er wird ein unvorstellbar herrliches Reich entstehen lassen. Das ist der Tag, nach dem sich die ganze Schöpfung mit Seufzen und Stöhnen sehnt. An diesem Tag werden wir eine unaussprechliche Freude und Herrlichkeit erleben. Wir müssen dieses Ereignis herbeisehnen, weil dann *Gott* in Seinem Handeln bestätigt und verherrlicht wird.

Unser Gebet soll lauten: «Herr, ich habe von deinem Reich in diesem Leben nur einen winzigen Vorgeschmack bekommen. Deshalb sehne ich mich danach, es eines Tages in seiner ganzen Fülle zu sehen.» Natürlich können wir dieses Gebet nicht aufrichtigen Herzens aussprechen, wenn wir unser Leben auf die Gegenwart und nicht auf die Zukunft ausrichten. Sind wir ständig und über ein erträgliches Mass hinaus mit weltlichen Dingen beschäftigt? Ist unser Lebenshorizont nur von Beruf oder Familie geprägt? Schlimmer noch: Macht uns das gar nichts aus?

Wenn wir es mit dieser zweiten Bitte ehrlich meinen, sollten wir mehr danach streben, für dieses kommende Reich Gottes zu leben und Ihm dort dienen, wo Er uns haben will. Natürlich können wir das geniessen, was uns diese Erde zu bieten hat, aber wir sollten uns um Ausgewogenheit bemühen. Wir sollten uns im Blick auf die Güter und Vergnügungen dieser Welt immer sagen: «So viel und nicht mehr, damit sie mich nicht auffressen und zu meinen Götzen werden.» Wir sollten bereit sein, verantwortungsvoll mit den Dingen dieser Welt umzugehen und auf die Ewigkeit hinzuarbeiten.

Werden wir diesem wesentlichen Bestandteil des Gebets gerecht? Wir müssen wirklich innehalten, unsere Herzen auf Gott ausrichten und sagen: «Dieses Endziel ist für mich das Wichtigste, o Herr. Dein Reich komme!»

Kapitel 6

Die dritte Bitte
«Dein Wille geschehe im Himmel wie auf Erden»

Wir stellen uns unter Seinen Willen

«Gott ist ein König mit unvorstellbarer Pracht.
Wenn Er befiehlt von Seinem Thron,
wer wagt es dann, zu reden voller Hohn,
zu fragen, warum oder was Er macht?»
—Isaac Watts

Wenn der Wille Gottes sowieso geschieht, wie können wir dann beten: «Dein Wille geschehe»? Ist diese Bitte nicht sinnlos? Dennoch gehören diese Worte zum Modellgebet des Herrn. Als Bestandteil der dritten Bitte stehen sie weit oben in der Rangfolge. Worin liegt also der Nutzen, wenn wir dafür beten, dass der Wille Gottes geschehen soll? Die Antwort auf diese Frage lautet: Wie die erste ist diese Bitte eher eine Bekräftigung und ein Ausdruck der Unterordnung unter den göttlichen Willen als ein Wunsch. Der Beter erklärt damit seine vollkommene Identifizierung mit dem Willen Gottes. Es gibt sechs Möglichkeiten, wie wir unseren Wunsch nach dem Willen Gottes bekräftigen können. Jede dieser Möglichkeiten kann zum Gebetsanliegen gemacht werden.

1 «Dein Wille geschehe» ist erstens eine Bestätigung, dass der Wille Gottes auf jeden Fall siegen wird. Wenn wir sagen, «dein Wille geschehe», meinen wir damit: «Oh Herr, dein Wille ist unbesiegbar, und er wird ganz bestimmt eintreffen! Alle deine Pläne und Ziele werden erfüllt!» Diese Bitte ist ein Ausdruck des Glaubens an den souveränen Willen und die unüberwindbare Macht Gottes.

2 Zweitens handelt es sich bei diesen Worten um den Ausdruck der Wertschätzung. Wir fallen nieder vor dem Herrn und bekennen, dass Sein Wirken und alles, was Er plant, anordnet und verspricht, ohne Fehler und voller Wunder ist. «Dein Wille geschehe» ist eine andere Art zu sagen: «Dein Wille ist vollkommen.» Wir bekräftigen damit, dass die Erlösung aus Gnade und durch den Glauben ein wunderbarer Plan ist, entworfen von göttlicher Schöpferkraft und Ausdruck der ganzen Liebe und Weisheit Gottes. Wir beugen unsere Knie vor dem unergründlichsten und erhabensten Plan im ganzen Universum. Wir bewundern auch die Absicht des Herrn, dieses Zeitalter eines Tages zu Ende zu bringen und die Welt zu richten. Wir stimmen uneingeschränkt zu, dass die Gedanken und der Wille Gottes richtig sind.

3 Mit dieser Bitte legen wir den Schwerpunkt auf das Wort «dein» und bestätigen damit, dass der Wille Gottes nicht nur vollkommen, sondern auch der beste, wichtigste und einzige Weg ist, zum Beispiel auch, was die Erlösung betrifft. Es kann keinen anderen Weg geben, weil kein anderer Plan funktionieren kann. Nur der sühnende Tod Christi konnte mit der Sünde fertig werden. Nur das Wirken des Geistes Gottes im menschlichen Herzen kann einen Sünder dazu bewegen, sich nach Erlösung zu sehnen. Keinerlei Bemühungen durch gute Werke können eine von Sünde befleckte Seele in den Himmel bringen, und keine blosse Zeremonie kann Schuld austilgen.

Mit «dein Wille geschehe» sagen wir auch: «Herr, wir gestehen uns ein, dass nur dein Weg die Erlösung bewirken kann, denn das ist dein Werk, nicht das unsere. Dein Segen ist das, worauf es ankommt.»

Harre, meine Seele, harre des Herrn!
Alles Ihm befehle, hilft Er doch so gern!
Sei unverzagt, bald der Morgen tagt,
und ein neuer Frühling folgt dem Winter nach!
In allen Stürmen, in aller Not,
wird Er dich beschirmen, der treue Gott.

4 Mit dieser Bitte versprechen wir viertens, uns dem Willen Gottes unterzuordnen. Wir sagen: «Herr, dein Wille und deine Herrschaft ist in deinem Wort enthalten. Ich ordne mich ihm unter, ich liefere mich allen deinen Geboten aus und weise meine eigenen Ideen und meine selbstsüchtigen Pläne zurück. Mein Hauptziel und meine grösste Freude soll die Sache Christi sein.»

5 Mit der Bitte «dein Wille geschehe» beten wir für die Vergrösserung des Reiches Gottes. Gottes erklärter Wille ist es, dass «alle Menschen errettet werden und zur Erkenntnis der Wahrheit kommen» (1. Tim. 2,4). Deshalb beten wir darum, dass noch viel mehr Menschen hinzukommen. Wir treten vor Gott für verlorene Seelen ein. Wir beten, dass wir sehen können, wie die souveräne Gnade Gottes immer mehr im Leben der Menschen um uns herum wirkt.

6 Diese Bitte ist sechstens eine triumphierende Bestätigung, dass der Wille Gottes über jedes Handeln Satans siegen *muss*. Im Gegensatz zum Willen des Feindes aller Seelen, wird sich der Wille Gottes mit Sicherheit durchsetzen. Auch der Teufel hat einen Willen, aber dieser wird gestützt durch eine weitaus unterlegene Kraft. Er ist bereits ein besiegter, herumirrender, vagabundierender Feind. Es ist ihm nur vorübergehend möglich, in unserer jetzigen Welt sein Unwesen zu treiben, aber Christus wird ihn schliesslich bezwingen. Wenn wir

deshalb sagen, «dein Wille geschehe», bestätigen wir die Unterlegenheit des Bösen und seine Unfähigkeit, sich gegen den allmächtigen Gott zu erheben. Wir erklären, dass der Wille des Teufels bereits besiegt ist und sich nur noch für eine gewisse Zeit manifestieren kann. «Dein Wille geschehe» – diese Worte verkünden die ewige Überlegenheit und den Sieg des Herrn. Mit diesen Worten beten wir Ihn als den Sieger an.

***

Es ist sehr schade, dass viele Gläubige das Vaterunser nur rezitieren oder beim Lesen überfliegen. Dadurch geht die Bedeutung einer jeden Bitte im Gedankenfluss unter. Wenn wir hin und wieder einige Aspekte der dritten Bitte in unsere Gebete einbauen, wird uns das helfen, dem Herrn noch mehr zu vertrauen und uns noch fester an Ihn zu binden.

KAPITEL 7

Die vierte Bitte
«Gib uns heute unser tägliches Brot»

Der tägliche Bedarf von Körper und Seele

Tag für Tag das Manna fiel.
Hilf mir, oh Herr in meiner Not,
dass ich, genährt von deiner Gnad', dich bitte:
Gib mir, Herr, mein täglich Brot.
—Josiah Conder

Wenn wir etwas über Prioritäten beim Gebet lernen wollen, klingt die Lehre Christi vielleicht überraschend für uns. Es ist bemerkenswert, dass sich von den sieben Bitten im Vaterunser nur eine direkt auf körperliche Bedürfnisse bezieht, und zwar mit den Worten: «Gib uns heute unser tägliches Brot». Daraus lernen wir etwas sehr Wichtiges: Wir sollen uns stärker auf geistliche Belange wie die Sache Christi und unser Wachstum im Glauben konzentrieren als auf körperliche Bedürfnisse. Trotzdem sollen wir uns bewusst machen, dass Gott auch für unseren Körper sorgt und wir Ihm auch materielle Bedürfnisse bringen dürfen. Eine häufig gestellte Frage ist auch, warum im Vaterunser körperliche Bedürfnisse vor der Vergebung genannt werden. Ein Erklärungsversuch lautet so: Sobald das Gebet sich subjektiven, persönlichen Nöten und Bedürfnissen zuwendet, bewegt es sich von den kleineren zu den grösseren geistlichen Belangen wie der Vergebung und der heiligenden Gnade. Andere Ausleger begründen diese Reihenfolge mit der Tatsache, dass das Überleben des Körpers dem der Seele vorausgeht. Wieder andere erklären den Sachverhalt, dass Brot vor der Vergebung erwähnt wird, so: Das ganze Gebet soll mit geistlichen Anliegen beginnen und enden. Allerdings ist es ungewiss, ob der Herr auf eine solche Formfrage Wert gelegt hat. Ein Kommentarschreiber aus früheren Zeiten sagte, er habe das Vaterunser zunächst für ein sehr kurzes Gebet gehalten, aber als er dann bei der vierten Bitte angekommen sei, habe er den Tiefgang des Vaterunsers erkannt und begriffen, dass man ein ganzes Leben brauche, um es zu beten. Die Bitte um das tägliche Brot ist ein Beispiel für die Tiefgründigkeit dieses wunderbaren Gebets. In der Bibel steht der Begriff «Brot» oft für jede Art von Getreide oder Frucht. In der römischen Kultur der Zeit Christi beinhaltete das Wort «Brot» nicht nur Nahrungsmittel, sondern auch Kleidung. Dieser sehr weite Begriff wurde in einem allgemeinen und auch in einem besonderen Sinn verwendet.

Die Bitte lautet: «Gib uns heute …» Wir können uns auf die Autorität Christi berufen und für alles beten, was für das Leben unseres Körpers nötig ist. Dabei denken wir daran, dass wir Gott, dem höchsten Geber, nichts bezahlen können, weil Er uns alles schenkt. Wenn wir diese Tatsache nicht vergessen, kann sie uns bei unserer charakterlichen Entwicklung helfen, weil Menschen, die es sich immer wieder bewusst machen, dass sie von Gott eine freie und grosszügige Versorgung erhalten, wohl kaum geizig und knauserig sein können. Deshalb dient diese Bitte als wirksames Gegenmittel gegen Geiz, weil die Regel Christi lautet: «Umsonst habt ihr's empfangen, umsonst gebt es auch.»

1. «Brot» bedeutet Notwendigkeit

Für welche Art von materieller Versorgung sollen wir beten? Die Antwort liegt im Wort «Brot». Obwohl der Begriff hier stellvertretend für alle körperlichen Bedürfnisse steht, umschreibt er ein einfaches Grundnahrungsmittel. Wir sollten deshalb nur für Dinge beten, die sinnvoll und notwendig sind. Das Vaterunser gibt uns nicht das Recht, für Luxusgüter und Extravaganzen zu beten. Deshalb bitten wir Gott nicht um einen Rolls-Royce oder andere unnötige und teure Kinkerlitzchen. Wir sollten auch nicht dafür beten, dass Gott uns ein protziges Haus oder eine Luxuswohnung gibt. Aber es ist unser gutes Recht, Gott um etwas zu bitten, was sinnvoll ist und Ihm die Ehre gibt.

Sollte der Herr uns mehr geben als das, wofür wir Ihn bitten, brauchen wir Seine Gnade, damit wir diesen Segen auf die richtige Art verwalten. Mit dem Wort «Brot» vermittelt diese Bitte des Vaterunser einen Massstab für unser Leben. Gleichzeitig setzt sie unseren Wünschen und Begierden feste Grenzen. Wir müssen uns immer wieder fragen: Ist das notwendig? Ist das sinnvoll? Gebe ich Gott damit die Ehre oder dient es nur zum Selbstzweck? Wünsche ich mir etwas, weil ich es unbedingt haben will oder weil ich damit prahlen möchte? Stehle ich etwas von den Mitteln, die für Gott bestimmt sind? Dient diese Sache anderen als schlechtes Vorbild? Allein die Tatsache, dass wir unsere körperlichen Bedürfnisse dem Herrn im Gebet bringen müssen, bewahrt uns vor Habgier. Wenn wir in Versuchung geraten, können wir sagen: «Ich kann für so etwas nicht beten, weil es dem göttlichen Massstab nicht entspricht.»

Wenn wir das Ganze aus einer anderen Perspektive sehen, stellen wir fest, dass Brot eine sehr wichtige, aber begrenzte Funktion hat. Vom Geschmack her ist es sicherlich nicht der Höhepunkt einer Mahlzeit. Natürlich schätzt man auch das Aroma von Brot, aber Geschmack gehört nicht zu seinen herausragenden Eigenschaften. Brot ist auch nicht besonders gefragt wegen seines Aussehens, sondern es bezieht seinen Wert aus seinem praktischen Nutzen. Es gibt uns Energie und Kraft für unser Leben und unsere Arbeit. Demnach sollen wir für ein «Brot» beten, das nützlich und lohnend ist. Wenn wir für unsere materielle Versorgung beten, fragen wir uns deshalb immer: Ist das hilfreich in meinem Leben und Dienst für den Herrn? Kann ich damit alle Pflichten erfüllen, die Er mir im Beruf und in der Familie auferlegt? Vielleicht sind wir auf der Suche nach einem Haus. Dabei stellen sich uns viele Fragen: Ist dieses Haus der richtige Ort für unseren Dienst als Christen? Erfüllt es seinen Zweck oder ist es übertrieben luxuriös? Ist es angemessen für mich oder wird es mich von meinem Weg mit Christus abbringen? Wie wir bereits erwähnt haben, dient Brot nicht nur fürs Auge. Die materiellen Dinge, für die wir beten, sollen nicht den Stolz und die Prahlerei fördern. Wir haben nicht deshalb das Recht, Gott um Dinge zu bitten, die uns besser dastehen lassen als andere Leute oder für die man uns bewundert. Brot wird bestimmt nicht konsumiert, damit man davon betrunken wird. Deshalb sollten wir nicht für Dinge beten, die unser niemals endendes Verlangen nach übermässigem Genuss stillen.

2. «Brot» bedeutet tägliche Abhängigkeit

Brot erinnert uns auch an unsere menschliche Schwäche und Abhängigkeit. In jener Zeit, als es noch keine moderne Vorratshaltung für Nahrungsmittel gab, galt Brot nie als etwas Selbstverständliches. Das Wachstum von Brotgetreide war abhängig von den Wetterverhältnissen und man konnte nicht immer mit guten Ernten rechnen. Heute müssen wir lernen, uns im Gebet unsere noch immer vorhandene Verwundbarkeit bewusst zu machen. Noch immer brauchen wir das vorausschauende Handeln, den Schutz und den Segen Gottes. Ohne Gebet können wir mit diesen Dingen nicht rechnen. Von ihrem Wesen her sind gefallene Menschen vom Stolz förmlich aufgeblasen, aber wenn wir für die grundlegenden Lebensbedürfnisse beten, bleiben wir demütig. Das Gebet für die tägliche Versorgung, auch für Bedürfnisse wie einen Arbeitsplatz und ein Einkommen, bewahrt uns nicht nur vor Habgier, sondern auch vor Stolz.

Warum sollen wir jeden Tag für die körperlichen Bedürfnisse beten? Der griechische Ausdruck, der mit «heute» wiedergegeben wird, hat zwei Bedeutungen, und zwar «von Tag zu Tag» oder «für den kommenden Tag». Deshalb müssen wir um unsere materielle Versorgung für die nächste Zukunft bitten. Vielleicht soll diese Wortwahl unserer Neigung, übermässige Vorsorge für uns zu treffen und uns für jede, auch weit in der Zukunft liegende Eventualität abzusichern, entgegentreten. Dieses Gebet zeigt uns einen anderen Lebensweg und ein diesem Wunsch nach Absicherung entgegengesetztes Prinzip auf. Natürlich sollen wir auch eine vernünftige Vorsorge für die Zukunft treffen, aber immer im angemessenen Rahmen. Wenn es uns möglich ist, sorgen wir selbstverständlich für diejenigen, die von uns abhängig sind, damit sie keine Not leiden müssen, aber der Dienst am Evangelium sollte uns mehr am Herzen liegen als eine übermässige Absicherung auf viele Jahre hinaus. Manche Gläubige investieren alle ihre finanziellen Mittel in die letzten Jahre ihres Lebens. Eine solche Handlungsweise ist auf jeden Fall konträr zu jedem vernünftigen Massstab für Glauben und Hingabe. Unser Leben soll geprägt sein vom Vertrauen zu Gott. Deshalb sollten wir uns nicht zu stark absichern, um Ihm noch immer vertrauen zu können.

Wenn wir von Tag zu Tag oder andauernd für unseren Lebensunterhalt beten müssen, stärkt dies in uns eine dankbare Haltung. König Nebukadnezar baute Babylon zu einer Festung aus. Sein Palast und die Stadtmauern wirkten so sicher und dauerhaft, dass die Stadt uneinnehmbar schien. Überall, wo sein Blick hinfiel, sah der König Prunk und Sicherheit. Aber das hatte eine katastrophale Wirkung auf ihn. Er glaubte nämlich, dass *er* alle diese Bauwerke mit seiner Macht und zur Ehre seiner Majestät errichtet hatte.

Der Herr hindert Seine Kinder an einer derartigen Selbstsicherheit, wenn Er von ihnen verlangt, jeden Tag aufs Neue mit ihren materiellen und geistlichen Bedürfnissen von Ihm abhängig zu sein. Wir werden uns niemals voll auf unsere eigene

Kraft verlassen oder meinen, wir könnten niemals fallen, wenn wir aufrichtig beten: «Gib uns *heute* …»

Vielleicht fällt es uns schwer, für unsere tägliche Versorgung zu beten, wenn wir von Überfluss umgeben sind. Wenn wir Geld haben für alles, was wir brauchen, und es keinen Grund gibt, warum unsere Vorräte aufgebraucht sein sollten, meinen wir vielleicht, es sei unnötig, den Herrn darum zu bitten, uns für den nächsten Tag genug zu essen zu geben. Es scheint wirklich schwierig zu sein, dieses Gebet inbrünstig zu sprechen, wenn es keine akute Not gibt. Unter solchen Umständen ist es vielleicht besser, Gott von ganzem Herzen zu danken, anstatt um materielle Versorgung zu bitten. Wir müssen anerkennen, dass Gott der Ursprung und die Quelle von allem ist und dass Er für uns sorgt.

Zu körperlichen Bedürfnissen gehören auch Kraft und Gesundheit. Gerade hier kann man plötzliche Veränderungen erleben, und deshalb ist die Gesundheit nicht etwas Selbstverständliches. Gesundheit und Kraft sind nicht identisch. Jemand kann gesund sein, aber trotzdem fehlt es ihm an Kraft, sich im Dienst für den Herrn oder auch in der Gemeindearbeit zu engagieren. Wir sollten auch um geistliche Erkenntnis für das Bibelstudium und Freimütigkeit beim Zeugnisgeben bitten. Wenn wir keine Gemeinschaft haben, sollten wir Gott um Freunde bitten, denn auch Freundschaften gehören zu den menschlichen Grundbedürfnissen. Wir sind nach dem Bild des dreieinigen Gottes als Gemeinschaftswesen geschaffen. Deshalb brauchen wir die Ermutigung (und natürlich auch die Ermahnung) unserer Freunde.

3. «Brot» bedeutet geistliche Nahrung

Der Begriff Brot beinhaltet auch geistliche Nahrung, denn unser Erlöser hat schliesslich auch gesagt: «Ich bin das Brot des Lebens.» Die Erlösung wird auch durch das Brot sinnbildlich dargestellt. Brot wird dem Körper von aussen zugeführt, weil Geschöpfe ihre Ernährung nicht selbst produzieren können.

Auf ähnliche Weise müssen Erlösung und geistliches Leben durch das Wirken des Geistes bewerkstelligt werden. Die Gerechtigkeit Christi muss uns ebenfalls *geschenkt* werden.

Obwohl das Brot eine Gabe Gottes ist, muss das Getreide geerntet, gemahlen und zu Brot verarbeitet werden. Genauso verhält es sich mit der Erlösung. Wenn wir den Herrn nicht suchen, werden wir Ihn nicht finden. Wenn wir uns Ihm nicht zuwenden, werden wir keine Vergebung erfahren. Wenn wir uns Ihm nicht unterordnen, werden wir nicht unter Seiner Herrschaft leben. Das Brot hat eine relativ schnelle Wirkung, denn nur kurze Zeit nach der Nahrungsaufnahme bekommen wir neue Energie. Mit der Erlösung ist es ähnlich. Wenn ein suchender Mensch aufrichtig um Vergebung und neues Leben fleht, erhält er diese Segnungen schnell und sicher. Das Brot ist ein Sinnbild für die Bekehrung, die der Anfang eines lebenslangen Prozesses ist.

Wir haben bereits festgestellt, dass Brot nicht besonders spektakulär aussieht, aber sogar in dieser Hinsicht stellt es das Brot des Lebens und das Erlösungsgeschehen dar. Obwohl der Erlöser im Himmel der Herrliche, Ewige und Allmächtige ist, sehen wir Ihn als den Erniedrigten, als den, der am Kreuz für uns litt und starb, als es um unser Heil ging. Auf Golgatha trat Er nicht als König auf. In jenen Stunden zeigte Er nicht Seine Macht und Autorität, aber dennoch war Sein Werk die grösste Errungenschaft der Zeitgeschichte. Wenn wir von diesem Brot des Lebens essen, bekommen wir ewiges Leben.

Das Brot ist natürlich auch ein Sinnbild für das tägliche Licht aus dem Wort Gottes und die heiligende Gnade. Ein einziger Tag ohne das Wort Gottes lässt uns eine Zeit der Dunkelheit, Kälte und Schwäche durchleben. Die treffenden Worte des puritanischen Theologen John Trapp über das Vaterunser motivieren gläubige Menschen, diese vierte Bitte in der richtigen Gesinnung vorzubringen. Er spricht über ein *geistliches* Brot. «Wir bekommen nicht ein einziges Stück Brot durch unser eigenes Verdienst, sondern wir müssen darum betteln. Derjenige, der wie der verlorene Sohn zu Gott kommt und sagt:

'Gib mir meinen Anteil am Erbe', wird nur der Sünde Sold empfangen. Bettler bezahlen auch keine Schulden, sondern gestehen nur ihren eigenen Mangel ein. Als gebrochene Menschen bitten sie demütig um Hilfe. Genau das müssen wir tun. Und weil Bettler nicht wählerisch sein dürfen, sollen wir so beten, wie es uns unser Erlöser hier lehrt, und um einfaches, simples Brot bitten. Ein gottesfürchtiger Mensch bittet nur um Nahrung für den jeweiligen Tag. Das ist die richtige Menge, um ihn nach Hause zu bringen – in das Haus seines Vaters.»

Kapitel 8

Die fünfte Bitte
«Und vergib uns unsere Schulden»

Der Weg der Reue

Herr, dir bekenne ich traurig meine Schuld.
Für all mein verkehrtes Reden und Tun
erbitte ich deine Huld:
Wasche weg die Sünden mein.
Herr, mache mich rein!
—Horatius Bonar

Beachtenswert ist das erste Wort in dieser fünften Bitte. Das kleine Wörtchen «und» hat in diesem Zusammenhang eine ziemlich klare Bedeutung. Es verbindet diese Bitte mit der vorherigen. Deshalb sollten wir hier lesen: «... heute ... vergib uns unsere Schuld.» Tägliche Reue oder Busse ist ein entscheidender Bestandteil im Gebetsleben eines gläubigen Menschen. Wenn man diesen wichtigen Teil weglässt oder nur ein paar wenige Worte dafür übrig hat, riskiert man jede zugesicherte Erfahrung mit Gott. Wir haben vielleicht eine echte Umkehr zu Gott erlebt; unser Heil ist uns vielleicht für alle Ewigkeit sicher, aber ohne regelmässige Vergebung werden wir schnell Rückschläge bei unserer Heiligung erleiden. Unsere Gebete werden nicht mehr erhört und wir werden unbrauchbar im Dienst für Gott. Unsere lebendige Wechselbeziehung zwischen dem Herrn und uns wird nachlassen. Wir werden nicht mehr jene Zufriedenheit erleben, wenn wir uns Ihm entgegenstrecken und Er in unser Leben eingreift. Vielleicht sind wir noch immer glücklich und zufrieden, aber mit diesem Zustand der inneren Ruhe täuschen wir uns nur selbst. In Wirklichkeit ist unsere Gemeinschaft mit Gott gestört, und unser christliches Leben gleicht dem Weg eines Schlafwandlers.

Ohne Reue und Sinnesänderung keine Heiligung

Denken wir einmal darüber nach, wie der Prozess der Heiligung aufgehalten wird, wenn wir nicht täglich Busse tun. Wenn wir Gott nicht um Vergebung bitten, findet auch keine vorbereitende Selbstprüfung statt. Wenn wir aber aufhören, täglich unser Herz und unser Verhalten zu prüfen, wird die Sünde in unserem Leben wieder besser Fuss fassen. Nach nur wenigen Tagen werden wir es nicht mehr schaffen, unsere häufig begangenen Sünden in den Griff zu bekommen. Die Menschen in unserer Familie, in der Schule oder am Arbeitsplatz merken schnell, dass sich bei uns etwas zum Negativen verändert hat. Sie merken zum Beispiel, dass wir uns bei Problemen nicht mehr ruhig und höflich verhalten, sondern gereizt und ichsüchtig reagieren. Dadurch wird unser Zeugnis an Glaubwürdigkeit verlieren. Ohne tägliche Selbstprüfung und Busse verliert unser Gewissen die Empfindsamkeit und stumpft ab. Auch unser geistliches Urteilsvermögen lässt nach. Ohne tägliche Busse leidet auch unser Gebetsleben. Unsere Gebete werden nicht mehr erhört. Wenn wir in dieser Hinsicht nachlässig waren, müssen wir uns buchstäblich aufrütteln und uns sagen: «Denke daran, wofür du hättest beten können. Denke an die Menschen, für die du vor Gott hättest treten können. Denke an das Eingreifen Gottes, das in deinem Leben sichtbar geworden wäre. Aber du hast ein paar Tage lang Gott nicht um Vergebung deiner Sünden gebeten, und so bist du nicht mehr fähig zum Gebet.»

Gott handelt an uns nicht wie ein Elternteil, das seine Kinder trotz ihres schlechten Benehmens verwöhnt. Wenn man nach einer angemessenen Selbstprüfung Gott aufrichtig um Vergebung bittet, dann ist das keine lästige Pflichtübung, sondern ein Handeln, das uns einen enormen Segen schenkt.

Die Bedeutung von «Schulden»

In Seinem Modellgebet verwendete der Herr den Begriff «Schulden». «Vergib uns unsere Schulden» bezieht sich eindeutig auf Sünden. Als Er dieses Gebet an einer anderen Stelle lehrte (in Luk. 11), verwendete Er das Wort «Sünden» anstelle von «Schulden». Diese Wortwahl ist wichtig. Das Wort «Schuld» erinnert uns daran, dass wir dem Herrn das Recht auf uns absprechen, wenn wir sündigen. Gerechtigkeit ist etwas, worauf Gott ein Recht hat, nicht nur etwas, was Er sich wünscht. Er hat auch ein Recht auf unsere Anbetung, unseren Gehorsam, unsere Liebe, unseren Dienst und unsere Heiligkeit. Unsere Sünde bewirkt eine Schuld, weil Gott uns so vieles gegeben hat, auch unser Leben. Wir dagegen missbrauchen diese Gaben für unseren eigenen Genuss und Vorteil, ohne eine angemessene Gegenleistung. Stattdessen haben wir gesündigt mit bösen Gedanken, Worten und Taten. Für uns als Gläubige hat Christus unsere Schuld bezahlt. Er hat die Strafe der Sünde für uns auf sich genommen, aber wenn wir weitersündigen, dann wird dieses Verhalten als Schuld angesehen. Diese Schuld muss durch reuevolles Bekenntnis beseitigt werden.

Es gibt so viele Sünden. Wenn wir uns nicht jeden Tag von Gott reinigen lassen, wird der Berg der Schuld so hoch, dass wir uns von einem gottgewollten christlichen Lebensstil weit entfernen. In diesem Fall wartet nichts anderes auf uns als strenge Züchtigung.

Im Vaterunser steht das Wort «Schuld» in der Mehrzahl: «Vergib uns unsere Schulden.» Wir begehen viele Sünden, und wir können uns nicht an alle erinnern, selbst wenn wir sie täglich bekennen. In Seiner Güte verlangt der Herr von uns nicht, dass wir sie alle erwähnen. Wenn wir das versuchen würden, wäre dies eine schreckliche Qual.

Aber wir müssen uns zumindest an unsere schlimmsten Sünden erinnern, unsere Herzen erforschen und sie aufrichtig bekennen. Wir sündigen mit Worten, Gedanken und Taten. Wir begehen Sünden der Unterlassung und Sünden mit vollem Bewusstsein. Manche Sünden entwickeln sich in uns wie ein Krebsgeschwür oder wie ein Schwelbrand, manche begehen wir spontan. Oft sündigen wir aufgrund von Neid oder Hass oder aus dem Wunsch, andere zu verletzen. Es gibt so viele verschiedene Sünden, und in gewisser Weise, zu bestimmten Zeiten und in bestimmter Form begehen wir sie alle. Wenn wir uns nicht jeden Tag von Gott reinigen lassen, wird der Berg der Schuld so hoch, dass wir uns von einem gottgewollten christlichen Lebensstil weit entfernen. In diesem Fall wartet nichts anderes auf uns als strenge Züchtigung.

Die Bedeutung von «vergeben»

Im Vaterunser heisst es: «Und *vergib* uns unsere Schulden.» Das griechische Wort, das mit «vergeben» übersetzt wird, bedeutet «hinaussenden» oder «wegschicken». Wir sagen: «Herr, schicke meine Sünde weg, nimm sie fort, damit sie mir nicht mehr den Weg verbaut. Nimm sie weg, damit ich in deinen Augen rein und fleckenlos bin, als ob ich nicht gesündigt hätte. Hilf mir, die Sünde loszuwerden, damit sie mein Leben nicht mehr belastet.» Zur Bitte, die Sünde wegzuschicken, muss auch die Bitte um Kraft gehören, diese Sünde künftig überwinden zu können. «Wegschicken» bezieht sich nicht nur auf die Schuld, sondern auch auf die Tat. Busse ist nicht echt, wenn sie nicht auch eine Verpflichtung, den Willen oder die Sehnsucht umfasst, es in Zukunft besser zu machen. Es reicht nicht, wenn wir sagen: «Herr, vergib meine Schuld», wenn wir nicht die Absicht haben, gegen die Sünde anzukämpfen. Vielmehr sollten wir beten: «Herr, hilf mir, dieser Sünde zu widerstehen. Gib mir die Kraft, sie zu überwinden und sie zu hassen.

Schärfe mein Gewissen, damit es mich warnt, wenn diese Versuchung sich mir wieder nähert.» Psalm 51 ist ein Modell für ein Bussgebet. Darin findet sich ein Gleichgewicht zwischen tiefer und echter Reue und eindringlichem Bitten um Hilfe beim Überwinden künftiger Sünden.

Hilfen bei fehlender Sündenerkenntnis

Auf der praktischen Ebene fragen sich Christen häufig, ob für eine echte Reue auch ein tiefes Schuldgefühl erforderlich ist. Sollen wir uns sündig fühlen? Gläubige fragen auch, was sie tun sollen, wenn sie sich keiner Sünde bewusst sind. Sie gehen zum Herrn, um ihre Sünden zu bekennen, aber sie können sich an bestimmte Sünden nicht erinnern. Ihnen fallen vielleicht eine oder zwei Sünden ein, aber mit echter Reue hat das nicht viel zu tun. Es gibt aber Heilmittel oder Hilfen für diese Probleme.

1 An erster Stelle steht das im Jakobusbrief erwähnte Prinzip. «Wenn aber jemand unter euch an Weisheit mangelt, so erbitte er sie von Gott.» Bitten Sie um Licht und ein Bewusstsein über Ihre Sünde, um eine klare Sicht über Ihr Wesen zu bekommen und darüber, wie der heilige Gott Sie sieht. Die gewünschte Einsicht kommt vielleicht nicht sofort. In diesem Fall müssen Sie ohne dieses Bewusstsein täglich Ihre Sünden bekennen. Aber bitten Sie Gott trotzdem weiter um eine tiefere Erkenntnis über die Sünde und ihre Hässlichkeit. Streben Sie nicht nach einem überwältigenden Schuldgefühl, sondern nach einem klaren, beschämenden Bewusstsein. Ein übermässig grosses Sündenbewusstsein artet leicht in Gefühlsduselei oder Sentimentalität aus. Eignen Sie sich dieses Gebet von Charles Wesley an:

Herr, schenk' mir ein zerbrochenes Herz,
das gläubig ist und rein,
und demutsvoll in jedem Schmerz;
lass' es geduldig sein.

2 Das zweite Heilmittel gegen ein fehlendes Sündenbewusstsein besteht darin, sich Zeit zu nehmen zum Nachdenken über die Eigenschaften und die Vollkommenheit Gottes und Seine grosse Güte uns gegenüber. Nach Jesaja 6 fallen wir vor Gott nieder, wenn wir Seine Herrlichkeit sehen und sagen: «Wehe mir, ich vergehe! Denn ich bin ein Mensch mit unreinen Lippen.» Die Herrlichkeit Gottes wirft ein helles Licht auf alle unsere Schwächen. Noch ein Hinweis für das persönliche Gebet: Loben und danken Sie Gott für Seine unendliche Macht, Majestät und Weisheit. Loben Sie Ihn für Seine wunderbaren Wege, Seine Liebe, Seine Treue und besonders für Seine unendliche, wunderbare Reinheit und Vollkommenheit.

Wenn Sie meinen, Sie seien nicht beredsam genug, um das Wesen Gottes in angemessener Weise zu beschreiben, schlagen Sie einfach einen Bibeltext auf, der dieser Aufgabe gerecht wird. Wählen Sie einen Psalm aus oder einen grossen Lobpreis aus einem der Briefe von Paulus – vielleicht die herrliche Einleitung zum Epheserbrief. Lesen Sie jeden Satz sorgfältig. Dann schliessen Sie die Augen, loben und danken Sie Gott für diese Worte. Es ist durchaus möglich, dass Ihr Gewissen und Ihr Empfinden für Ihre Abhängigkeit von Seiner grossen Gnade dadurch angeregt werden. Dann denken Sie noch an alle Ihre Vorrechte, und Sie werden bei sich selbst die für die Sünde typische Undankbarkeit, Respektlosigkeit und Arroganz erkennen.

3 Ein drittes Heilmittel gegen das fehlende Sündenbewusstsein ist erkennbar in der Struktur des Vaterunsers. Sie müssen Ihre Gebetszeit nicht unbedingt mit dem Bekennen Ihrer Sünden beginnen. Obwohl das ein guter Beginn ist, ist er nicht entscheidend. Im Vaterunser beginnen wir mit dem Lob Gottes, dann beten wir um die Sache und die Förderung des Reiches Gottes. Dazu gehört auf jeden Fall die Fürbitte für andere. Wenn wir detaillierte Bitten für unsere Angehörigen, Arbeitskollegen, Mitschüler, Nachbarn, für Prediger, Missio-

nare, für Kranke, Bedürftige und Unterdrückte vorbringen, wird unser geistliches Bewusstsein geweckt, und so können wir uns an unsere Sünden auch besser erinnern und diese bekennen. Ein mitfühlendes, selbstloses Gebet entfacht unsere Dankbarkeit, unseren Glauben und unsere Liebe. Dadurch wirkt unser Herz besser mit, wenn es darum geht, für unsere Sünden um Vergebung zu bitten.

4 Ein viertes Heilmittel für eine kaum ausgeprägte Sündenerkenntnis oder ein geringes Bewusstsein unserer Schuld vor Gott sieht so aus: Wir müssen unseren Wunsch nach Vergebung vertiefen, indem wir häufiger davon sprechen. Deshalb sollten Sie ein paar Tage lang bei jedem Gebetsanliegen, das Sie vorbringen, die Vergebung erwähnen. Wenn Sie dem Herrn Ihre Anliegen bringen, sagen Sie: «Herr, mein Gebet für diesen Menschen kann nur erhört werden, wenn ich mit dir ins Reine komme. Bitte vergib mir meine Sünden.» Dann nennen Sie eine Sünde, an die Sie sich erinnern. Sie können bei jeder Bitte so verfahren. Auf diese Weise kann Ihr Empfinden für Ihre Sünden wieder stärker werden.

5 Ein fünftes Heilmittel ist mehr Zeit für die Selbstprüfung. Vielleicht ist es hilfreich, wenn Sie sich mehrere Tage lang in «Raten» die Zeit nehmen und im Gebet innehalten, um über die Notwendigkeit an weiterem Wachstum in der Heiligung nachzudenken. Planen Sie jedes Mal bewusst einige Minuten ein, in denen Sie sich selbst prüfen und überlegen, was Sie getan haben und wie Ihr Handeln Ihren Charakter widergespiegelt hat. Denken Sie auch an das, was Sie nicht getan haben. Wenn Sie sich Ihre Versäumnisse ins Gedächtnis rufen, erwacht oft auch Ihr Sündenbewusstsein. Machen Sie sich auch Gedanken darüber, wie oft Sie es unterlassen haben, über Ihren Glauben zu reden, und wie oft Sie es versäumt haben, freundlich zu sein oder jemandem zu helfen, der Hilfe gebraucht hätte. Vielleicht braucht Ihre Gemeinde dringend Ihre Mitarbeit und Sie weigern sich, weil Sie Ihre eigenen Interessen verfol-

gen. Konzentrieren Sie sich auf solche Sünden und vergessen Sie auch nicht die so genannten «Herzenssünden» oder «Zustandssünden» wie Stolz und Selbstsucht.

6 Wenn diese Massnahmen Ihr Gewissen noch nicht wachrütteln, dann kann Ihnen vielleicht dieses sechste Heilmittel helfen. Erinnern Sie sich an jene besonders prägnanten Sünden, die Gott Ihnen bereits vergeben hat. Sie sollen sie nicht erneut bekennen, aber Gott für Seine Vergebung danken, als Sie zu Ihm kamen und Ihm diese Sünden bekannten. Denken Sie daran, wie viel Sie Gott verdanken. Staunen Sie darüber, wie geduldig Er Ihnen gegenüber ist. Machen Sie sich Sünden bewusst, die Sie manchmal über viele Monate oder sogar Jahre begangen haben, bevor Sie diese vor Gott bekannt und überwunden haben. Denken Sie an jene massive Schuld aus der Vergangenheit, jene gravierenden Sünden, und danken Sie Gott für Seine Vergebung, bis Ihnen vor Dankbarkeit die Tränen kommen. Dann wird vielleicht auch Ihre Erkenntnis über gegenwärtige Sünden wieder stärker.

7 Wenn Ihr Sündenbewusstsein sich noch immer nicht meldet, können Sie einen letzten Weg versuchen. Bereuen Sie Ihre Sünden einfach vom Verstand her, ohne darauf zu warten, bis sich tiefere Gefühle einstellen. Verfahren Sie so wie in den vorherigen Punkten vorgeschlagen, damit die Reue für Sie wieder zu einer Herzenssache wird, aber in der Zwischenzeit geben Sie Ihre Sünden ohne Gefühle zu. Bekennen Sie Ihre Abhängigkeit vom Blut Christi und allein von der Barmherzigkeit Gottes. Lassen Sie sich nicht daran hindern, nur weil Sie nichts dabei empfinden. Obwohl Gefühle zur Busse gehören, sind sie nicht entscheidend. Wenn Sie Ihre Sünden mit Sorgfalt und bis in alle Einzelheiten bekennen, werden die Gefühle von selbst wiederkommen, und Gott wird sie vertiefen.

Die Grundvoraussetzung für die Vergebung

Als eine bekannte Persönlichkeit aus der Politik regelmässig eine schwere, moralische Sünde beging und diese dann der Öffentlichkeit bekannt wurde, trat ein berühmter christlicher Prediger im Fernsehen auf und sagte, er hätte diesem Politiker vergeben. Aber die Sünde des Politikers richtete sich gegen Gott, und es gab keine Anzeichen, dass er sie vor Ihm bereut hätte. Der Prediger hatte nicht das Recht, ihn von seiner Schuld freizusprechen. Wir sollten uns nicht anmassen, anderen zu vergeben, wenn diese *gegen Gott* gesündigt haben. Dieses Recht hat allein Gott. Manchmal muss eine Gemeinde die Gemeindezucht über jemanden verhängen, der in eine schwere Sünde gefallen ist. Auch in solchen Fällen hört man die irreführende Aussage: «Für mich ist das Urteil der Gemeinde nicht massgebend, weil ich ihm vergebe.»

Unseren Schuldnern zu vergeben bedeutet, denjenigen zu vergeben, die uns gegenüber gesündigt oder uns verletzt haben. Wenn wir diesen Menschen vergeben, treten wir ihnen nicht mit Verachtung, Feindseligkeit oder Kälte gegenüber. Wir machen uns frei von Verbitterung oder verletzten Gefühlen. Wir nehmen keine Blockadehaltung ein, und wir nähren in uns auch nicht den Wunsch, den Betreffenden zu verletzen oder ihm zu schaden. Wenn das Vergehen nicht so schlimm ist, sollten wir dem anderen auch dann vergeben, wenn er keine Einsicht zeigt oder er sich nicht für sein Verhalten entschuldigt.

Eine oder mehrere der nachfolgend genannten Einstellungen können uns daran hindern, jemandem, der uns verletzt oder gegen uns gesündigt hat, zu vergeben. Vielleicht wollen wir unsere Bitterkeit nicht aufgeben. Vielleicht wollen wir zum anderen keine Brücke bauen oder einfach nur freundlich zu ihm sein. Vielleicht sind wir zu stolz – so stolz, dass wir nicht bereit sind, jemandem, der uns weh getan hat, zu vergeben. Vielleicht sind wir auch kritiksüchtig und deshalb schnell dabei, andere zu verurteilen. Wenn wir unsere Haltung gegenüber jemandem, der uns Unrecht getan hat, nicht rasch korrigieren, kann die Bitterkeit zur Verbitterung werden, und dann neigen wir dazu, das uns zugefügte Unrecht aufzubauschen. Wir sind vielleicht nicht bereit, dem anderen zu vergeben, weil er in unseren Augen keine Bedeutung hat oder uns unsympathisch ist. Vielleicht reagieren wir auch überempfindlich, weil der andere uns einmal bei einem Fehlverhalten blossgestellt und damit unseren Stolz verletzt hat. Wir sind jedoch gewarnt: Wenn wir die Weisung Gottes missachten und nicht bereit sind, anderen zu vergeben, verwirken wir Seine Vergebung. Gott nimmt diese Sache so ernst, dass wir auch im Vaterunser aufgefordert werden, unsere Bereitschaft, anderen zu vergeben, in Worte zu fassen.

Normalerweise sollten diejenigen, die uns Unrecht tun, auch zu ihrer Schuld stehen und sie in Ordnung bringen. Aber wir sollten ihnen auch ungefragt vergeben, wenn es um Kleinigkeiten geht, ganz im Sinne des Wortes aus dem Jakobusbrief: «… die Liebe deckt auch der Sünden Menge.» Ausserdem handelt Gott in Seiner Gnade an uns auf die gleiche Weise. Er übersieht bei uns unzählige Fehler, deren wir uns gar nicht bewusst sind.

Auch sollten wir anderen vergeben, ohne ein Bekenntnis zu erwarten, wenn das Unrecht, das uns angetan wurde, von uns verursacht oder verschlimmert wurde. Das Gebot unseres Erlösers lautet, dass Seine Kinder einander lieben sollen. Der Apostel Paulus ermahnt uns: «Eure Sanftmut lasst alle Menschen erfahren!» (Phil. 4,5). Sanftmut ist Grossmut, Grosszügigkeit gepaart mit Freundlichkeit. Wir sollen uns gegenseitig annehmen, einander lieben und vergeben, und wir sollen nachsichtig miteinander umgehen. Wenn eine Sünde direkt gegen Gott oder Seine Wahrheit begangen wird, muss der Betreffende diese vor Ihn bringen und um Vergebung bitten, aber wenn ein Mensch dem anderen Unrecht tut, sollte es rasch vergeben werden.

Wie bereits erwähnt, fordert der Herr in Seinem Modellgebet von uns, dass wir unsere Verpflichtung, anderen zu vergeben, in Worte fassen. Wenn diese Verpflichtung ein fester Bestandteil unseres Redens mit Gott ist, dann ist sie offenbar von unschätzbarer Bedeutung.

Kapitel 9

Die sechste Bitte
«Und führe uns nicht in Versuchung»

Bereit zum Kampf

Schaff in mir, Gott, zu deinem Dienst
ein Herz, das dir getreu.
Der du der Welt zum Heil erschienst,
mach' ganz von Sünd' mich frei.
—Charles Wesley

Die sechste und siebte Bitte gehören zwar zusammen, sollten idealerweise aber getrennt betrachtet werden. «Und führe uns nicht in Versuchung, sondern errette uns von dem Bösen.» Obwohl der Sinn dieser Worte erstaunlich einfach ist, vermitteln sie uns doch eine tiefe Einsicht darüber, wie wir bei unserer Heiligung Fortschritte machen können. Scheinbar ist der erste Teil der Bitte negativ und der zweite positiver, aber es gibt eine bessere Art der Unterscheidung zwischen beiden. «Führe uns nicht in Versuchung» – dieser Teil bereitet uns auf den täglichen Kampf gegen die Sünde vor, während wir mit «errette uns von dem Bösen» zu Gott flehen, um uns zu korrigieren, zu bewahren und zu erretten, sobald wir uns mitten im Kampfgewühl befinden. Der Unterschied zwischen den beiden Teilen der Bitte liegt in der Vorbereitung und der Durchführung.

Wir werden uns zunächst mit dem ersten Teil befassen, mit den Worten «… und führe uns nicht in Versuchung». Wir müssen verstehen, dass Gott niemals der Ursprung des Bösen ist. Jakobus warnt uns: «Niemand sage, wenn er versucht wird: Ich werde von Gott versucht. Denn Gott kann nicht versucht werden zum Bösen, und er selbst versucht auch niemand.» Diese Bitte kann deshalb nicht bedeuten: «Herr, führe uns nicht in die Sünde», als ob Er das ohne dieses Gebet tun würde. Natürlich kann Gott Seine Hand von uns zurückziehen, sodass wir durch unseren Stolz und unsere Torheit in Sünde fallen, aber Er führt Seine Kinder niemals in Versuchung. Mit diesem ersten Teil der Bitte geben wir vielmehr zu, dass wir in unserem Leben nicht ohne den Segen und die Kraft Gottes gegen die Sünde ankämpfen können. Wir werden uns jetzt acht Arten der Hilfe ansehen, für die wir beten, wenn wir sagen: «Führe uns nicht in Versuchung.»

1. Ein Gebet für Wachsamkeit

Erstens sagen wir mit diesen Worten: «Herr, ich bin verwundbar und schwach. Hilf mir, wachsam zu bleiben im Kampf gegen die Sünde.» Wir müssen uns im Gebet auf den kommenden Tag vorbereiten, weil der Teufel uns mit vielen bösen Gedanken bombardieren kann. Er versucht uns nicht unbedingt auf plumpe Art, denn damit würde er uns erschrecken und zum Herrn treiben. Es ist viel wahrscheinlicher, dass er seine Kampagne mit kleineren Versuchungen beginnt. Vielleicht drängt er uns in bestimmten Situationen dazu, unangemessen zu reagieren. Seine Methode ist geprägt von Raffinesse und Durchtriebenheit. Möglicherweise wird er seine Einflüsterungen sehr gut begründen. «Seid nüchtern und wacht», schreibt der Apostel Petrus, «denn euer Widersacher, der Teufel, geht umher wie ein brüllender Löwe und sucht, wen er verschlingen kann.»

In jedem Menschen steckt ein Pharisäer, der sagt: «Ich schaffe es selbst.» Vielleicht sprechen wir solche Gedanken nie aus, aber eine gewisse Selbstgenügsamkeit bewirkt in uns eine merkwürdige Selbstgerechtigkeit, als ob wir schon viele Sünden überwunden hätten und es uns ganz leicht wieder gelingen würde. «Führe uns nicht in Versuchung» – damit sagen wir auch: «Herr, ich kann diesen Krieg gegen das Böse nicht allein führen. Bitte lasse nicht zu, dass ich mich von Stolz und Selbstsicherheit täuschen lasse und meine, ich könnte der Versuchung aus eigener Kraft widerstehen.»

2. Ein Gebet für ein waches Gewissen

Zweitens bitten wir mit den Worten «führe uns nicht in Versuchung» um ein sensibles Gewissen. Wir befinden uns noch nicht mitten im Kampfgetümmel, denn noch haben wir uns den Herausforderungen des neuen Tages nicht gestellt. Wir können uns darauf vorbereiten, indem wir Gott bitten: «Herr, gib mir ein empfindsames Gewissen, damit es sich regt, sobald die Versuchung naht. Lass nicht zu, dass ich mich leichtsinnig durch den Tag bewege, ohne die Fallen zu bemerken, in die ich hineinstolpern kann. Gib mir ein Gewissen, das mich vor der Gefahr der Sünde warnt, wenn nötig auch auf schmerzhafte Weise.» Wir müssen täglich um ein waches Gewissen bitten. Wenn unser Gewissen sich regt, werden wir vor unvorsichtigen Worten und Taten gewarnt. Dann stürzen wir uns nicht mehr blindlings in den Kampf. Dieses berühmte Lied von Charles Wesley drückt die Notwendigkeit eines sensiblen Gewissens so aus:

Dein zartes Herz fühlt immer noch
der Menschen bittern Schmerz.
Ich schrei zu dir, ach hör' mich doch,
erneure, Herr, mein Herz.

Ein Herz, ergeben dir allein,
das taugt vor deinem Thron,
wo niemand sonst soll Herrscher sein
als du nur, Gottes Sohn.

Ein Herz, verkläret in dein Bild,
von deinem Geist beseelt,
durch Gnade fest, recht weich und mild,
zum Kampfe stets gestählt.

3. Ein Gebet für die Führung Gottes

Drittens bitten wir Gott, dass Er in uns eine Sehnsucht nach Seiner Führung in allen wichtigen Lebensfragen aufrechterhält. Mit dieser Bitte wollen wir sagen: «Herr, wenn ich vor wichtigen Entscheidungen und Möglichkeiten stehe, hindere mich daran, vorzupreschen und alles für mich selbst und auf meine eigene Art tun zu wollen und mich damit in Fehlentscheidungen hineinzumanövrieren. Ob es sich dabei um eine Entscheidung im Beruf, im Familienleben, in Schule oder Studium handelt, um eine Entscheidung finanzieller Art oder sogar über die Freizeitgestaltung – Herr, lasse nicht zu, dass ich etwas Unüberlegtes tue. Hilf mir, mich in jeder Lage als deinen Knecht oder deine Magd zu sehen und mich immer von dir leiten zu lassen. Mache mir immer wieder meine Verantwortung dir gegenüber bewusst.»

Sobald wir uns verhalten wie «freie Menschen», die tun können, was sie wollen, solange es keine schlimmen Sünden sind, befinden wir uns schon auf dem Irrweg. Bald werden wir nur noch Entscheidungen in unserem Sinne treffen. Mit diesem vorbereitenden Gebet bitten wir darum, ständig daran erinnert zu werden, dass wir Kinder Gottes sind, unter Seiner Herrschaft und Führung, und dass wir bei allen wichtigen Lebensfragen und Entscheidungen danach streben müssen, Ihn zu ehren.

4. Ein Gebet für die gesunde Lehre

Viertens bitten wir darum, dass der Herr uns Möglichkeiten einer gesunden biblischen Belehrung gibt oder erhält. Welches Los uns auch zufällt, Priorität sollte in unserem Leben immer unser Bedürfnis nach weiterführender biblischer Belehrung haben. Manche Christen vernachlässigen diesen Punkt, weil sie meinen, dass gesunde biblische Lehre auf Bäumen wächst, aber wir leben in einer Zeit der Dekadenz. Viele berücksichtigen bei einem Ortswechsel erst zuletzt die Frage, ob eine gute Gemeinde in ihrer Nähe ist. «Führe uns nicht in Versuchung» ist eine andere Art zu sagen: «Herr, gib uns eine biblische Belehrung, die uns Nahrung aus deinem Wort gibt, uns innerlich aufbaut, uns herausfordert und uns davon abhält, vom Glauben abzufallen.» Die Segnungen einer gesunden biblischen Belehrung sollten nie als selbstverständlich hingenommen werden.

5. Ein Gebet für den Sieg über hartnäckige Sünden

Fünftens ist diese Bitte ein Gebet um Erkenntnis über unsere persönlichen Schwächen, damit wir in dieser Hinsicht besonders wachsam sind und uns nicht auf den Weg der Sünde begeben. Wo liegen meine Schwächen? Alle Gläubigen haben eine Neigung zu hartnäckigen Sünden. Es kann sich um Stolz oder Prahlerei handeln oder um den Fluch einer Neigung zu Unehrlichkeit, Faulheit und Bequemlichkeit, Vergnügungssucht, Begehrlichkeit oder mangelnder Glaube, der zu endloser Furcht und Sorge führt, oder Selbstmitleid, Murren und Klagen, oder Klatschsucht und Kritikgeist, schlechte Laune oder eine unbeherrschte Zunge. Wir müssen uns auf jeden Fall gut kennen, auch die Schwächen, die uns niederdrücken. Wie ein Alkoholiker, der keinen Tropfen Alkohol mehr anrühren darf oder wie jeder andere geheilte Süchtige, der sich von seiner früheren Lebensweise distanzieren muss, müssen wir uns selbst kennen, unsere Fehler und Schwächen erkennen und darauf achten, dass wir nicht in eine Lage kommen, in der diese von Satan ausgenutzt werden können. «Führe mich nicht in Versuchung» ist ein Gebet um Wachsamkeit, auch und gerade bei bestimmten Sünden. Mit dieser Bitte wollen wir auch sagen: «Halte mich fern von den Sünden aus der Zeit vor meiner Bekehrung, von jenen Dingen, die mich damals getrieben und beherrscht haben.» Sehr häufig kehren alte Sünden zurück, wenn ein Christ Fortschritte in seinem Glaubensleben machen will.

6. Ein Gebet für den Hass auf die Sünde

Sechstens legt uns die Bitte «führe uns nicht in Versuchung» eine standhafte Erklärung unseres Widerstandes gegen die Sünde in den Mund, ein Gebet um einen immer grösseren Hass auf die Sünde. Wir sagen dem Herrn damit, dass wir die Sünde nicht wollen, dass wir sie hassen, weil sie unser erbitterter Feind ist, und wir bitten um eine tiefere Abscheu vor ihr. Es ist entscheidend, eine so kompromisslose Haltung einzunehmen. Problematisch bei der Sünde ist ihre grosse Anziehungskraft, ob bei Gedanken an materielle Dinge oder an Triumphe, die uns zur Prahlerei verführen. Sogar unkontrollierter Zorn oder Rachsucht kann eine gewisse, wenn auch pervertierte Befriedigung bieten. Auch kann niemand leugnen, wie verführerisch ein übergrosses Mass an Bequemlichkeit und Vergnügen ist. So können wir uns mit allen möglichen, zwar anziehenden, aber dennoch sündhaften Gedanken beschäftigen. Deshalb beten wir: «Herr, gib mir eine grössere Abscheu vor der Sünde, dass ich sie stärker hassen kann, als ich sie jemals geliebt habe, und sie auf keinen Fall begehen will. Hilf mir, zu erkennen, wie hässlich und abstossend die Sünde in deinen Augen ist. Hilf mir, zu erkennen, welchen Schaden sie anrichtet. Herr, gib mir eine klare Sicht über die Sünde.» Wenn wir unser Misstrauen und unsere Verachtung gegenüber der Sünde lockern, geben wir ein Stück von unserer Waffenrüstung aus der Hand. «Führe uns nicht in Versuchung» bedeutet auch: «Gib mir eine Abscheu vor der Sünde, damit ich vor ihr zurückweiche.»

7. Ein Gebet für grössere Gottesfurcht

Siebtens beten wir mit dieser Bitte um die Führung eines gottgemässen Lebens und eine grössere Liebe zu Heiligkeit und Gerechtigkeit. Wir bitten: «Hilf mir, als Christ zu leben. Hilf mir, dass sich mein innerer Mensch an deinem Gesetz erfreut.» Unser Herr und Erlöser sagte: «Glückselig sind, die nach der Gerechtigkeit hungern und dürsten.» Deshalb bitten wir den Herrn um eine echte und tiefe Wertschätzung eines guten Charakters und christlicher Eigenschaften. In gewissem Masse können wir beides auch bei uns selbst fördern. Manchmal bewundern wir viele andere Christen und staunen über ihre Selbstlosigkeit und ihr unermüdliches Engagement. Wir sollten Gott für Sein Wirken in diesen Menschen preisen, uns auch danach sehnen und es von Ihm erbitten. Wir können etwa so beten: «Herr, in meiner Dummheit konzentriere ich mich auf alles Wertlose und Vergängliche. Ich messe diesen Dingen viel mehr Bedeutung bei, als sie es verdienen. Gib mir eine grössere Liebe zu allem, was dir gefällt, damit ich von dem Wunsch beseelt werde, dir näher zu kommen.»

8. Ein Gebet für Bewahrung vor übermässigem Wohlstand

Achtens beinhalten die Worte «führe uns nicht in Versuchung» die Bitte, dass wir nicht in eine Lage kommen sollen, in der wir mit Bequemlichkeiten, persönlichen Triumphen und Leistungen nicht umgehen können. Wir sagen: «Herr, bewahre mich davor, dass mir diese vergängliche Welt schmeichelt, mich belohnt und übermässig gut versorgt. Hilf mir, mich nicht erdrücken zu lassen von Dingen dieser Welt, die meine Seele herunterziehen.» Vielleicht neigen wir dazu, für das genaue Gegenteil zu beten. Es kommt uns mehr entgegen, Gott um eine Beförderung zu bitten, um mehr Geld, mehr Bequemlichkeit und Komfort, aber mit «führe uns nicht in Versuchung» erbitten wir etwas Entgegengesetztes. Wir bitten: «Führe uns nicht in eine bequeme Selbstgefälligkeit, die uns wie verzogene Kinder werden lässt, weltliebend und stolz, und führe uns nicht in einen Konkurrenzkampf, in dem wir auf Kosten unseres Lebens mit dir unser Glück in der Welt suchen.»

Deshalb beten wir: «Herr, wir wollen deinen Willen und deine Ziele akzeptieren. Was immer du uns gibst, wollen wir willig annehmen. Aber bewahre uns auch davor, dass wir hoch hinauswollen und dann tief fallen. Führe uns nicht in Versuchung.»

Kapitel 10

Die siebte Bitte
«Sondern errette uns von dem Bösen»

Mitten im Kampfgetümmel

Ein Herz, das sich von dir nicht trennt,
das, treu bis in den Tod,
für dich in reiner Liebe brennt,
ein solches schenk' mir, Gott.
—*Charles Wesley*

«Und führe uns nicht in Versuchung, sondern errette uns von dem Bösen.» Die zweite dieser miteinander verknüpften Bitten kann auch wiedergegeben werden mit «errette uns von *dem* Bösen», wie es Calvin mit dieser Formulierung unbedingt auf Satan beziehen wollte. Nach dem Verständnis vieler Theologen aus früheren Epochen beinhaltet dieses Wort jedoch die Welt und das Fleisch sowie den Teufel. Die Versuchung tritt an uns heran, und ein Rest von Sünde regt sich noch immer in uns. Obwohl wir von Gott her ein neues Wesen haben, ist unser altes auch noch da. Auch wenn es besiegt ist, kommt es immer wieder hoch und setzt sich durch. In der ersten dieser beiden Bitten haben wir Gott darum gebeten, uns zu stärken und vorzubereiten, aber jetzt sind wir mitten im Kampf. Wir begeben uns hinein in die Herausforderungen unseres Alltages, und wir rufen zu Gott, damit Er uns bewahrt und errettet. Wie sollen unsere konkreten Gebetsanliegen lauten? An dieser Stelle schlagen wir drei mögliche Themen für das Gebet vor. Sie alle kommen in den Worten «errette uns von dem Bösen» zum Ausdruck.

1. Hilfe im entscheidenden Moment

Erstens ist «errette uns von dem Bösen» ein Gebet um *Entschlossenheit,* die Sünde zu bekämpfen und zu unterlassen. Wir bitten auch um Hilfe, wenn uns falsche Gedanken kommen. Wenn Dinge, die wir nicht brauchen oder gar nicht erst besitzen sollten, die uns die Zeit stehlen oder unserer Eitelkeit schmeicheln, plötzlich eine Anziehungskraft auf uns ausüben, brauchen wir die Kraft, sie aus unserem Leben zu verbannen. Jakobus sagt: «… jeder Einzelne wird versucht, wenn er von seiner eigenen Begierde gereizt und gelockt wird.» An diesem Punkt müssen wir der Versuchung am stärksten widerstehen. Wir müssen jeden Wunsch, ihr nachzugeben, unterdrücken und unsere Gedanken erstrebenswerteren Dingen zuwenden. Wir müssen um klare Entschlossenheit bitten, uns von einer gedanklichen Verführung loszureissen.

Es ist eine Tragödie, wenn Kinder Gottes sich von den Ideen der «Heiligkeits-Bewegung» beeinflussen lassen. Vertreter dieser Richtung behaupten, dass Gläubige nicht kämpfen müssen, um der Sünde zu widerstehen. Sie müssten ihre Augen nur auf das Kreuz oder auf Christus richten oder mit Hilfe eines Willensaktes oder einer mystischen Konzentration «in Ihm ruhen», und dann werde Gott alles Übrige für sie erledigen. Das Gegenteil trifft zu: Wenn die Versuchung an uns herantritt, müssen wir unsere ganze Willenskraft und Stärke aufbringen, um im Gebet und auch aktiv gegen die Sünde zu kämpfen und ihr zu widerstehen.

2. Hilfe für unsere geistlichen Pflichten

Zweitens sollten wir darum beten, dass wir mitten im Kampf bewahrt werden vor jeder Versuchung oder jedem Druck, aufzugeben und unsere Pflichten sowie unser Bemühen um ein gutes Zeugnis vor Menschen, die nicht an Gott glauben, zu vernachlässigen. In der Stunde der Not brauchen wir Standhaftigkeit, Dankbarkeit und Glauben, damit wir Gott weiter loben, zu Ihm beten, Sein Wort beachten und anderen von unserem Glauben erzählen. Auch wenn wir von Nöten bedrängt werden, wollen wir von der Hand Gottes gehalten werden und Ihm treu bleiben. Deshalb beten wir: «Wenn ich versucht bin, aufzugeben, hilf mir, meinen Glauben zu bewahren und von dir abhängig zu bleiben. Hilf mir, in jeder Lage beharrlich weiterzubeten. Hilf mir, meinen Glauben zu bezeugen, auch wenn ich überfordert und überlastet bin. Bewahre mich in der Stunde der Versuchung und der Prüfung durch Satan auch vor Unvernunft und allen anderen Reaktionen, die dich verunehren.»

3. Hilfe durch Korrektur und Zurechtweisung

Drittens sind die Worte «errette uns von dem Bösen» ein Gebet, in dem wir Gott bitten, alle erforderlichen Mittel einzusetzen, um uns in die Zucht zu nehmen, wenn wir sündigen, und aus uns Menschen zu machen, die Gott mit ihrem Leben Freude bereiten. Dazu gehört auch die Bitte: «Herr, züchtige mich, wenn es nötig ist. Bestrafe und weise mich zurecht als der vollkommene Vater, der du bist. Ich verspreche dir, diese Zurechtweisung anzunehmen und zu beherzigen.» Von Zeit zu Zeit haben gläubige Menschen es nötig, vom Herrn zurechtgewiesen zu werden. Eine schmerzliche oder einschränkende Erfahrung kann dazu führen, dass man innehält und sein Leben neu überdenkt. In dieser Bitte versprechen wir, dass wir das Wirken Gottes in unserem Leben beherzigen und uns nicht darüber ärgern. Bei der Ermahnung in Hebräer 12,5 wird ein Text aus den Sprüchen Salomos zitiert: «Mein Sohn, achte nicht gering die Züchtigung des Herrn und verzage nicht, wenn du von ihm zurechtgewiesen wirst!»

In dieser Bitte zeigen wir uns auch offen für jede Korrektur, die der Herr durch andere Christen an uns vornimmt. Wir sagen damit auch: «Herr, wenn andere Gläubige mich zurechtweisen, will ich ihre Worte respektieren, wertschätzen und sie mit der richtigen Einstellung hören. Lass nicht zu, dass sie sich mit Worten der Warnung und des Tadels zurückhalten. Gib mir die Demut, ihnen zuzuhören, auch heute und in dieser Woche, und mich zu bessern.» Mit den Worten des Psalmisten beten wir: «Der Gerechte schlage mich, das ist Gnade; und er züchtige mich, das ist Öl für mein Haupt.» Isaac Watts drückte diese Worte in seiner Liedfassung von Psalm 141 so aus:

O dass der Gerechte,
wenn ich vom rechten Wege irre ab,
mich sieht und tadelnd weist zurecht.

Diese Wünsche und Gebete sind ansatzweise enthalten in der Bitte «errette uns vom Bösen».

Eine Kurzfassung der aus dem Vaterunser abgeleiteten Themenbereiche für das Gebet

- Anbetung Gottes
- Bestätigung und Gewissheit
- Dank
- Fürbitte → ein fester Bestandteil eines jeden Themenbereiches, da jede Bitte auch einen Grund für tiefe Dankbarkeit und Lob enthält
- Hingabe
- Geistliche und körperliche Bedürfnisse
- Reue und Busse
- Gebet um Hilfe bei der Heiligung
- Sich dem Herrn unterordnen und sich an Ihm und Seinem ewigen Plan freuen

Kapitel 11

Der Lobgesang
«Denn dein ist das Reich und die Kraft und die Herrlichkeit in Ewigkeit! Amen.»

Ihm gebührt die Ehre

«Herrlichkeit und Macht
seien dein auf ewig;
auch Zepter, Thron und Majestät
des Himmels und der Erde gehören dir.»
—James Montgomery

Am Ende dieses grossartigen Modellgebets erhalten wir eine letzte Bestätigung über das Eigentumsrecht und die Macht Gottes. Wir ziehen daraus acht Schlussfolgerungen, die unser Vertrauen stärken, unsere geistliche Perspektive prägen und uns als Anregungen dienen, welche Gedanken uns durch den Kopf gehen sollten, wenn wir diese herrlichen Worte im Gebet aussprechen. Wenn diese Worte nicht auch einen Einfluss auf unsere Einstellung zum Leben haben, können wir sie wohl kaum aufrichtigen Herzens beten. Uns stellt sich manchmal die Frage: Wie oft wird dieses Gebet rezitiert, ohne dass es eine Wirkung hat auf diejenigen, die es sprechen? Der Herr helfe uns, diese Worte nicht nur als Gebet, sondern auch als Richtlinie für unser Leben zu sehen.

1. Sein Eigentum – zu Seiner Freude

Die Worte «dein ist das Reich» bestätigen, dass unsere Gemeinde, die Bibel, unsere ewige Heimat und die Schar der Erlösten Sein Eigentum sind und Er das Recht hat, alles so zu lenken, wie es Ihm gefällt. Alles, was wir im Leben und der Anbetung unserer Gemeinde tun, tun wir zur Freude des Eigentümers und zunächst einmal nicht zu unserer eigenen. Wenn wir ein Amt innehaben, ist das ein übertragenes Amt. Deshalb sollten wir Seine Anweisungen ausführen, weil wir eines Tages für unser Verhalten zur Verantwortung gezogen werden.

«Dein ist das Reich» – diese Worte erinnern uns auch daran, dass wir Ihm in allem den Vorrang geben und uns Ihm voll und ganz überlassen müssen. Bei keinem Bereich unseres Lebens können wir sagen: «Das gehört mir und ich mache damit, was ich will.» Jede wichtige Entscheidung, die wir in unserem Privatleben oder im Gemeindeleben treffen, muss in diesem Licht betrachtet werden. Wir müssen uns immer fragen: «Was muss ich tun, um dem Herrn zu gehorchen und Ihm zu gefallen?» Fragen Sie sich immer: «Welche Rolle spiele ich im Plan Gottes, dem die ganze Gemeinde und auch mein Leben gehört? Wie kann ich Ihm dienen?» Wir sollten uns niemals fragen: «Werde ich Spass haben an diesem oder jenem Dienst? Wird er mir passen oder leicht fallen?» Wenn Gott uns für einen bestimmten Dienst ausrüstet und uns die Gelegenheit dafür gibt, dann müssen wir Ihm folgen. Schliesslich sind wir und Sein Reich Sein Eigentum.

2. Alles ist Ihm untertan

«Unserem Gott ist alles möglich», sagen wir mit diesen Schlussworten. Mit Leichtigkeit wird Er Seine Ziele erreichen und Sein Reich aufrichten. Er wird bewirken, dass Sein Wille auf Erden geschieht wie im Himmel, dass Sünder sich Ihm zuwenden. Er wird sie aus der Welt herausrufen, ihre Herzen zum

Leben erwecken und sie zu sich ziehen. Er wird sie alle sicher in die Ewigkeit bringen, damit sie als erlöste Seelen vor Ihm stehen. Dann, am letzten Tag, wird Er ihre Leiber aus dem Staub erwecken und verherrlichen. Weil Er allmächtig ist, können wir bei unserer Fürbitte für unsere Angehörigen, Kollegen und viele andere nicht zaghaft oder verzweifelt sein. Schliesslich wissen wir, dass der Gott, den wir anrufen, alles vermag. Wenn sie aufrichtig gemeint sind, werden die Worte «dein ist das Reich und die Kraft und die Herrlichkeit» zu einem «Transportmittel» des Glaubens, mit dessen Hilfe unsere Bitten bis in den höchsten Himmel gelangen.

Immer, wenn wir beten, sollten wir an Seine unbegrenzte Macht denken. Alle Mächtigen dieser Erde, ob es nun Könige, Regierungschefs, Staatschefs oder Führungskräfte in Unternehmen sind, befinden sich alle unter Seiner unsichtbaren Autorität. Er kann bewirken, dass sie nach Seinem Willen handeln, ihre Sicht- und Denkweise ändern. Jesaja sagt uns, dass Gott um Seines Heilsplanes und Seines Volkes willen das Schicksal ganzer Nationen umgekrempelt hat. Sogar diejenigen, die vom Herrn am weitesten entfernt sind, unterstehen Seiner Macht. Deshalb können wir über eines ganz sicher sein: Er wird auch unsere Gebete erhören und unsere Lebensumstände so gestalten, dass unser Zeugnis sichtbar wird und unsere Sicherheit in Ihm gewährleistet ist. Der Schöpfer und Eigentümer des ganzen Universums ist jeder Situation gewachsen. Nichts und niemand kann Seinen Willen und Seine Ziele durchkreuzen.

3. Gott im Mittelpunkt unserer Gebete

Die Worte «dein ist das Reich» kontrollieren auch den Inhalt unserer Gebete, denn sie helfen uns, uns mit unseren Gebetsanliegen auf das Reich Gottes zu konzentrieren. Dazu gehören die Bedürfnisse der Gemeinde, aber auch, dass andere zum Glauben kommen. Natürlich können wir Gott um alles bitten, auch um Kleinigkeiten, aber das höchste Ziel unserer Gebete sollte es sein, der Sache unseres Königs zu dienen. Wünschen wir uns die Heilung eines körperlichen Leidens? Warum haben wir einen solchen Wunsch? Wollen wir geheilt werden, um frei zu sein von Beschwerden, oder um ein besseres Leben für Gott führen zu können? Vielleicht wollen wir verlorene Jahre wettmachen und Ihn jetzt mehr lieben, Ihn anbeten, für Ihn Zeugnis ablegen und andere zu Ihm führen? Wenn wir Gott um Dinge bitten, die nicht unbedingt Seinem Reich dienen, sondern ausschliesslich uns selbst, unserem Stolz oder unserem Vergnügen, dann sollten wir sie nicht zu unseren Gebetsanliegen machen. «Dein ist das Reich» – diese Worte sind auch eine Bestätigung unserer Hingabe dem Herrn und der Tatsache gegenüber, dass Sein Reich in allen unseren Angelegenheiten den höchsten Stellenwert haben sollte.

4. Alle Ehre gehört dem Herrn

«Dein ist das Reich, die Kraft und die Herrlichkeit» – das bedeutet aber auch: «Herr, ich will weder für eine Segnung noch für einen geistlichen Gewinn die Ehre beanspruchen, sondern dich als die Quelle jeder guten Gabe und jeder besonderen Leistung anerkennen.» Wenn in unserer Sonntagsschulklasse oder beim Bibelstudium im Hauskreis alles gut läuft, gebührt dafür allein dem Herrn die Ehre. Wenn wir beten, «dein ist das Reich», bekräftigen wir damit auch unsere Abhängigkeit von Gott. Er hat uns durch Seine Gnade in Sein Reich gebracht, und Er erhält uns darin mit Seiner Kraft. Dieses Gebet lässt uns demütig bleiben, weil wir Ihn um Hilfe bitten und alle unsere Erfolge Ihm zuschreiben.

5. Er ist die Quelle allen Lebens

«Dein ist … die Kraft» – diese Worte bestätigen, dass Gott allein die Quelle des Lebens ist, das einzige aus sich heraus existierende Wesen im ganzen Universum. Alles Leben und alles Gute kommt von Ihm. Dieser Gedanke hilft uns dabei, Ihm unser Vertrauen zu schenken. Wenn wir beten, ohne uns dessen bewusst zu sein, wie mächtig Gott ist, könnten wir daran zweifeln, dass unsere Gebete erhört werden. Deshalb erwähnen wir in unseren Gebeten, am besten am Anfang und am Ende, die grosse Macht Gottes. In biblischen Zeiten gab es Situationen, in denen ein Mensch nur einen winzigen Abglanz der Macht Gottes erlebte. Die Wirkung war aber überwältigend. Als Christus dem Saulus von Tarsus einen kleinen Teil Seiner Herrlichkeit offenbarte, fiel er vom Rücken seines Pferdes zu Boden und erblindete, weil er ein so helles, so blendendes Licht sah, das seine Sinne und seine Seele überwältigte. Das ist der Gott der Kraft, zu dem wir beten. Wie sanft geht Gott heute mit uns um! Aber eines Tages, wenn wir durch Seine Gnade dazu bereit sind, werden wir Ihn sehen, Seine Stimme hören wie den Klang vieler Wasser und Seine unermessliche Majestät und Güte spüren. Dann werden wir in voller Erkenntnis sagen können: «Denn dein ist das Reich und die Kraft und die Herrlichkeit.»

6. Gott will unsere Wertschätzung

Fehlt in unserem Gebet der Lobpreis, das Lob Seiner Herrlichkeit? Halten wir nicht inne, um uns Seine Majestät bewusst zu machen? Fehlt in unserem Gebet die Anerkennung Seiner Vorzüge und Seiner grossen Güte?

«Die Herrlichkeit» bezieht sich auf die Fülle der Vorzüge Gottes, für deren Beschreibung menschliche Worte nicht ausreichen. Dazu gehört Seine unermessliche Grösse und Unendlichkeit, Sein unveränderliches Wesen, Seine Macht, Sein Wissen, Seine Weisheit, Güte, Liebe und Barmherzigkeit.

Wenn wir Seine Herrlichkeit erwähnen, können wir nicht anders als Ihm unsere Wertschätzung entgegenbringen. Aber hier liegt eine grosse Schwäche im Gebet. Wir neigen dazu, zu beten: «Herr, hilf mir in diesem und in jenem; Herr, löse dieses Problem; Herr, stärke mich für diese Prüfung; sorge für mich; vergib alle meine Sünden.» Bei dieser Art des Betens, auch wenn sie berechtigt ist, gerät die

Wertschätzung Gottes oft ins Abseits. Manchmal kommen wir zum Gnadenthron und sind belastet mit Schuld, Kummer und Prüfungen. Dann scheint uns der Herr weniger wichtig zu sein als unsere Nöte. Aber auch wenn die Not gross ist, dürfen wir nicht vergessen, Gott unsere Wertschätzung entgegenzubringen, weil Ihm die Ehre gebührt. Fehlt in unserem Gebet der Lobpreis, das Lob Seiner Herrlichkeit? Halten wir nicht inne, um uns Seine Majestät bewusst zu machen? Fehlt in unserem Gebet die Anerkennung Seiner Vorzüge und Seiner grossen Güte? Das Vaterunser lehrt uns, dass wir uns sowohl am Anfang als auch am Ende unseres Gebets Seine Eigenschaften bewusst machen und sie nicht einfach nur erwähnen, sondern auch wertschätzen sollen.

7. Das Reich Gottes ist ewig

Die letzten Worte des Vaterunsers sind besonders aufwühlend und erhebend, wenn wir darüber nachdenken. «Dein ist das Reich und die Kraft und die Herrlichkeit in Ewigkeit.» Denken wir nur an die ewige Existenz des allmächtigen Gottes. Nichts kann Sein göttliches Wesen schmälern. Seine Heiligkeit und Macht können nicht vergehen, und keine Macht auf Erden oder in der Hölle kann Sein Werk der Errettung von Seelen zunichte machen. Wenn jemand von neuem geboren wird, empfängt er ewiges Leben. Alles, was Gott durch Christus getan hat, ist gültig bis in alle Ewigkeit. Wirkung und Kraft des Sühnopfers Christi sind von ewiger Dauer. Wenn Er uns in Seine Familie aufnimmt, bleiben wir für immer darin.

Seine Liebe hält ewig und sie bleibt immer gleich stark. Wir können zeitweise leidenschaftlich lieben, aber unsere Leidenschaft kühlt auch wieder ab, sodass deren Flamme wieder entfacht werden muss. Aber die reine und tiefe Liebe Gottes schwankt niemals, sie verändert sich nicht, sie wird nicht weniger. Die Gemeinde Jesu Christi wird ewigen Bestand haben, wenn sie verherrlicht und für die Herrlichkeit hergerichtet wird. Wenn wir diese Tatsachen fest in unserem Denken verankern, wird unser Glaube wachsen, unsere Zuversicht und Sicherheit grösser und unser Empfinden für unsere besondere Stellung und Verpflichtung stärker.

Wir sind uns durchaus bewusst, dass irdische Regierungsformen nicht ewig andauern. Keine Form von menschlicher Autorität kann lange überleben. Reiche gehen unter und Wirtschaftsunternehmen machen entweder Bankrott oder werden von anderen Firmen geschluckt. Die Menschheit kämpft verzweifelt darum, ihren eigenen Schöpfungen den Stempel der Unsterblichkeit aufzudrücken. Das Bestreben, riesige multinationale Konzerne aufzubauen, hat seinen Ursprung im Geist des Turmbaus von Babel wie auch in wirtschaftlichen Erwägungen. Unsere Leistungen sollen möglichst für immer sichtbar sein. Wir wollen unbedingt beweisen, dass menschliche Errungenschaften der Zeit standhalten, und wir tun alles, damit das auch so ist. Aber nichts auf Erden ist von Dauer. Was für ein Vorrecht haben dagegen wir als Gläubige! Unsere Sache und das Reich Gottes haben ewigen Bestand.

Für junge Menschen, die den Herrn lieben, Sein Wort studieren, in der Heiligung vorankommen und andere zu Christus bringen wollen, ist es manchmal eine grosse Versuchung, wenn sie erfahren, dass einer ihrer ungläubigen Bekannten einen kometenhaften Aufstieg in der Gesellschaft oder seiner Karriere erlebt und dadurch eine Position hat, in der er viel Macht und Einfluss ausüben kann. Der junge Christ denkt vielleicht, dass die Familie Gottes klein und unbedeutend ist, und der Teufel hilft noch nach mit seiner Stichelei, indem er dem Kind Gottes einflüstert: «Warum bist du nicht in der grossen Welt und leistest Gewaltiges?» Aber der Gläubige muss sich nur Gott zuwenden und sagen: «Dein ist das Reich und die Kraft und die Herrlichkeit in Ewigkeit», und schon sieht er die Dinge wieder aus der richtigen Perspektive. Ein paar Zeilen von Isaac Watts aus seiner poetischen Wiedergabe von Psalm 73 zeigen uns, wie der Christ alles aus dem Blickwinkel der Ewigkeit betrachten kann.

Aber im Hause Gottes dachte ich an ihr Ende,
und als ich es sah, senkte ich beschämt den Blick.
Wie vergänglich ist das Werk ihrer Hände,
wie kurz währen Ruhm und Glück!

«In Ewigkeit» – diese Worte sprechen von der Zukunft, wenn Gott dieses Zeitalter beenden und alles Seinem Willen untertan machen wird. Ausserhalb der Hölle wird keine andere Weltordnung bestehen als diejenige, in der alle Geschöpfe Gott lieben, Ihn kennen und Ihm dienen. Momentan fühlen wir uns überwältigt vom Widerstand und von der Gleichgültigkeit der Welt, aber das wird nicht lange dauern. In Wirklichkeit gehören wir zu den Privilegierten. Wir sind im Willen Gottes und in Seiner mächtigen Hand geborgen.

8. Ein kleines und doch so wichtiges Wort

«Amen» ist das letzte Wort des Vaterunser. Was steckt hinter diesem kleinen Wort? Soll damit nur eine Tür geschlossen werden? Jedes grosse Musikstück braucht einen passenden Abschluss. Wenn es kurz vor einem gut komponierten Ende einfach ausklingt, fehlt das harmonische Gleichgewicht. Ist das auch die Grundlage für das Wort «Amen»? Geht es hier nur um einen Schlusspunkt am Ende eines Gebets? Nein, es hat eine weitaus grössere Bedeutung. Wahrscheinlich wissen alle Leser dieses Buches, dass das Wort «Amen» bedeutet: «Herr, so sei es.» In diesem Zusammenhang lässt es sich noch besser wiedergeben mit: «Dein ist das Reich und die Kraft und die Herrlichkeit, *... so sei es nach deinem Willen.*» Das Wort «Amen» vermittelt uns jedoch noch mehr. Es ist so, als ob wir sagen wollen: «Herr, ich identifiziere mich von ganzem Herzen mit deinem Willen. Ich anerkenne, dass dein Wille der einzige, lebensnotwendige, vollkommene und herrliche Weg ist. Deshalb staune ich über alle Ziele deines Reiches. Ich ordne mich ganz deinem Plan unter und sehne mich danach, dass er sich erfüllt. Ich gebe alles, um deinen Plan zu studieren, mich daran zu erfreuen und mich in deinen Dienst zu stellen. Dieser erhabene Plan soll meine ganze Freude und mein Hauptanliegen sein. Ich verpflichte mich, deinen Entschlüssen und Berufungen treu zu bleiben.» Das alles ist in dem kleinen Wort «Amen» enthalten. Wer «Amen» sagt, identifiziert sich voll und ganz mit den Zielen Gottes für Sein Reich. Dieses Wort ist ein Ausdrucksmittel für jeden Erlösten, der Gott anbetet, Seine Ziele bewundert, annimmt und sich ihnen verschreibt. Es kann keinen besseren oder erhabeneren Weg geben, unsere Gebete zu beenden, weil wir damit dem Vorbild unseres Herrn folgen.

Schwerpunkte des Gebets

Die nächsten Kapitel befassen sich mit praktischen Fragen. Es geht darin um das:

- «Gebet des Glaubens»
- Gründe, warum manche Gebete lange unbeantwortet bleiben
- den Dienst der Fürbitte
- Probleme in unserem Gebetsleben.

KAPITEL 12

Schwerpunkte des Gebets

WAS IST DAS GEBET DES GLAUBENS?

Denn wahrlich, ich sage euch: Wenn jemand zu diesem Berg spricht: Hebe dich und wirf dich ins Meer! und in seinem Herzen nicht zweifelt, sondern glaubt, dass das, was er sagt, geschieht, so wird ihm zuteil werden, was immer er sagt. Darum sage ich euch: Alles, was ihr auch immer im Gebet erbittet, glaubt, dass ihr es empfangt, so wird es euch zuteil werden! (Mark. 11,23–24).

Und das Gebet des Glaubens wird den Kranken retten ... (Jak. 5,15).

Manche Leute machen aus dem *Glauben* ein *Werk,* als ob die Grösse unseres Glaubens im Verhältnis zur Gebetserhörung steht. So behaupten sie: «Wenn unser Glaube stark genug ist, wird jede Krankheit durch Gebet geheilt. Wenn das aber nicht geschieht, liegt das Problem offenbar in unserem Glauben.» Ihrer Meinung nach ist das «Gebet des Glaubens» die feste Überzeugung, dass jedes unserer Gebete schon so gut wie erhört ist. Sie vermischen *Glauben* mit *Willenskraft,* und diese Vorgehensweise ähnelt mehr magischem Denken als dem Gebet eines Christen.

Hat der Herr verheissen, dass uns *alles,* wofür wir bitten, immer zuteil wird, wenn wir einfach nur glauben, es bereits empfangen zu haben? Wollte Jakobus sagen, dass unser Gebet für die Kranken immer zur Heilung führt, wenn unser Glaube nur stark genug ist? Manche Leute beantworten diese Fragen kategorisch mit Ja. Aber wenn wir diese Verheissungen wörtlich nehmen, handeln wir oberflächlich und falsch. Auf diese Weise bringen wir den Herrn dazu, sich selbst zu widersprechen, aber das würde Er niemals tun. Ausserdem ist diese falsche Auffassung typisch für die Anhänger einer Lehre vom Mitwirken des Menschen am Heil (Arminianismus), aber Gott kann und will Seine Souveränität nicht mit Menschen teilen. Jedes Gebet muss sich dem Willen und der Weisheit des allmächtigen Gottes unterordnen, denn Er allein weiss, was im Licht Seiner ewigen Absichten das Beste und Vollkommene ist.

Berge versetzen

In Markus 11,23–24 (wir haben den Text zu Beginn dieses Kapitels zitiert) erwähnt unser Herr und Erlöser einige Gesichtspunkte über das Gebet. Erstens sagt Er uns, dass wir konkrete Ziele haben sollten, wenn wir beten («was auch immer ihr im Gebet erbittet»), und unsere Gebete nicht ins Blaue hinein sprechen sollten. Zweitens müssen wir uns das, wofür wir beten, wirklich wünschen, und deshalb sollte es bei unseren Anliegen vor allem um die Förderung des Reiches Gottes gehen. Denken wir daran, dass der Herr zu Seinen Jüngern sprach, um sie auszubilden, damit sie im beginnenden Zeitalter der Gemeinde das Werk der Evangelisation in Gang setzen und anführen konnten.

Drittens müssen wir glauben, dass Gott uns zuhört und nicht zögert, sich mit unseren Anliegen zu befassen. Aber Er wird nicht auf jedes Gebet so reagieren, wie wir es gerne hätten. Den Aussagen aus der gesamten Bibel nach zu schliessen, sollen wir in jedem Fall den weisen Ratschluss Gottes annehmen, so wie das auch bei Paulus der Fall war, als er nicht von dem Stachel in seinem Fleisch geheilt wurde, weil Gott mit dieser Krankheit eine Absicht verfolgte (2. Kor. 12,7–9).

Wenn nach der Verheissung des Herrn auf unser Gebet hin ein Berg ins Meer geworfen wird, dann ist das offensichtlich ein gewaltiges und unnötiges Bravourstück. Die Jünger mussten erkannt haben, dass es sich hier nicht um ein wörtlich zu nehmendes Beispiel handelte, sondern um ein Bild für die machtvollen Dinge, um die wir um des Reiches Gottes willen beten können. Für die Förderung des Reiches Gottes ist von Gläubigen Grosses vollbracht worden, nicht nur in der Vergangenheit, sondern auch in unserer heutigen Zeit. Es wurde Bauland erworben, Gebäude wurden errichtet und zahlreiche Menschen haben sich bekehrt. Das alles ist auf ernstliches Gebet hin geschehen. Wir kennen keinen Fall, in dem tatsächlich ein Berg durch ein Gebet versetzt wurde, aber wir kennen unzählige Berge in Form von Hindernissen, die bildhaft gesprochen ins Meer geworfen wurden.

Es ist interessant, dass unser Herr und Erlöser in Matthäus 17,20 eine ähnliche Aussage macht: «Wenn ihr Glauben hättet wie ein Senfkorn, so würdet ihr zu diesem Berg sprechen: Hebe dich weg von hier dorthin! und er würde sich hinwegheben; und nichts würde euch unmöglich sein.» Denken Sie daran, wieder sind es die Jünger, die diese Belehrung «allein» empfangen. Ihnen wird beigebracht, wie sie in der Kraft des Geistes Gottes Sein Reich ins Leben rufen sollen – nicht, wie sie die geografische Gestalt der Welt verändern können. Der Herr macht Seinen Jüngern Mut mit Seiner Aussage, dass mit einem Glauben, der so winzig ist wie ein Senfkorn, grosse Dinge angestrebt und erlangt werden können. Nicht die Grösse des Glaubens ist entscheidend, auch nicht eine Willensanstrengung, um sich vorzustellen, wie etwas tatsächlich geschehen wird, sondern die Echtheit unseres Vertrauens zu Gott, der alles tun kann, was Ihm gefällt.

Das Gebet des Glaubens im Jakobusbrief

Wenn Jakobus sagt, das Gebet des Glaubens werde den Kranken retten, meint er damit nicht, dass das Gebet des Glaubens den Kranken jedes Mal heilen wird, denn zuvor lehrt er, wir sollten immer sagen: «Wenn der Herr will» (Jak. 4,15). Die

Macht zur Heilung steckt auch nicht in der Kraft des Glaubens. Jakobus betont vielmehr, dass *nicht* das Salben mit Öl (oder nach der wörtlichen Bedeutung das Einreiben mit Öl) den Kranken heilt, sondern die Macht des Herrn auf ein Gebet hin. Das Gebet des Glaubens ist nicht die feste Überzeugung, nach der die Heilung auf jeden Fall stattfinden wird (denn diese hängt vom Willen des Herrn ab), sondern der ehrliche Glaube, dass Gott alles tun kann, was Ihm gefällt. Jakobus sagt: «Das Gebet eines Gerechten bewirkt viel, wenn es ernstlich ist.» Er warnt uns jedoch auch, dass Gläubige dazu berufen sein könnten, Krankheit zu ertragen. In diesem Zusammenhang erwähnt er auch die vorbildliche Geduld Hiobs.

Das *Gebet des Glaubens* hat nichts zu tun mit Willenskraft oder einem zwingenden Glauben an ein bestimmtes Ergebnis. Es hat auch nichts zu tun mit einem immensen Glauben, sondern es besteht aus den folgenden Punkten:

1) dem Glauben, dass Gott die Macht hat, alles zu tun, worum man Ihn bittet;

2) dem Glauben, dass der Herr bereit ist, sich von Seinen Kindern «überreden» zu lassen (nach Seiner erhabenen Weisheit);

3) dem Glauben, dass Gott uns hören und *er*hören wird, obwohl das nicht unbedingt so geschehen muss, wie wir es uns vorstellen, sondern im Einklang mit Seinem wunderbaren, vollkommenen, freundlichen, weisen und souveränen Willen. Wenn wir es nicht fertig bringen, Seinem erhabenen Urteil zu vertrauen und in Seinem Willen zu ruhen, sprechen wir nicht mehr das *Gebet des Glaubens,* sondern ein Gebet der eigenwilligen Selbstbestimmung.

Kapitel 13

Schwerpunkte des Gebets

Haben Sie einen Dienst der Fürbitte?

So ermahne ich nun, dass man vor allen Dingen Bitten, Gebete, Fürbitten und Danksagungen darbringe für alle Menschen (1. Timotheus 2,1).

... indem ihr zu jeder Zeit betet mit allem Gebet und Flehen im Geist, und wacht zu diesem Zweck in aller Ausdauer und Fürbitte für alle Heiligen (Epheser 6,18).

Einem Priester wird oft die Funktion zugeschrieben, Gott vor den Menschen und die Menschen vor Gott zu vertreten. Christen sind die «Priester» des Gemeindezeitalters. Mit ihrem Zeugnis gegenüber unerlösten Menschen üben sie die erste Funktion eines Priesters aus, und mit ihrem Eintreten für verlorene Seelen vor Gott die zweite. Haben wir als einzelne Gläubige einen Dienst der Fürbitte? Die Ermahnung in 1. Timotheus 2,1 spricht von einem Eintreten für alle Menschen vor Gott. Dazu gehören auch diejenigen, die sich noch nicht bekehrt haben, denn Paulus sagt weiter, Gott wolle, «dass alle Menschen gerettet werden und zur Erkenntnis der Wahrheit kommen» (Vers 4). Hier hat jeder Christ eine beachtliche Verantwortung und auch ein grosses Vorrecht. Der Gott, der die Fürbitte gebietet, lässt sich zweifellos davon bewegen.

Es ist von grosser Wahrscheinlichkeit, dass für jeden, der sich bekehrt hat, im Voraus ernstlich gebetet wurde. Wer hat für uns gebetet? Vielleicht wissen wir es nicht, aber bestimmt gab es jemanden, der vor Gott für uns eingetreten ist. Tun wir das jetzt auch für andere? Man kann sich leicht vorstellen, warum der Herr uns den Dienst der Fürbitte anvertraut hat.

Sechs Früchte der Fürbitte

Erstens bewirkt die Fürbitte im Beter ein Engagement, das uns dazu bewegt, uns mehr für die Seelen anderer einzusetzen. Dieser Dienst hat eine verändernde Wirkung auf den Charakter von Menschen, die ihn ernst nehmen.

Zweitens wird im Leben des Gläubigen der Mission Christi höchste Priorität beigemessen. Denn das, womit wir unsere Gebetszeit verbringen, beschäftigt auch unsere Seele und prägt unsere Wertvorstellungen.

Drittens bringt uns der Dienst der Fürbitte vom Wesen und von der Gewohnheit her Christus näher, denn Er als unser grosser Hohepriester ist der ewige Fürbitter. In gleicher Weise, wie Er für uns betete *(Johannes 17),* beten wir für andere.

Viertens (damit bauen wir auf Punkt eins auf) macht ein ernsthafter Dienst der Fürbitte die Gläubigen zu aufgeschlossenen und selbstlosen Menschen.

Fünftens ist dieser Dienst einzigartig, weil er von jedem Christen in jeder Lebenslage ausgeübt werden kann. Es ist ein Dienst für die Gesunden, aber auch ein Dienst für die Kranken. Fürbitte vom Krankenbett aus kann unter Umständen wirkungsvoller sein als eine Predigt vor vielen tausend Zuhörern.

Sechstens, und das ist von grosser Bedeutung, festigt die Fürbitte in uns die Überzeugung, dass bei der Erlösung dem Herrn alle Ehre gebührt. Wenn wir geduldig beten, werden Verlorene errettet, aber wenn wir ohne Fürbitte von unserem Glauben Zeugnis ablegen, kommt wohl nur wenig dabei heraus. Durch diese Erfahrung steht für den Beter zweifelsfrei fest, dass Macht und Ehre allein dem Herrn gehören.

Wie weit reicht der Dienst der Fürbitte? Er geht weit über die hier genannten Bereiche hinaus, aber diese stehen stellvertretend für unsere wichtigsten Anliegen.

- Wir beten, dass sich verlorene Menschen bekehren.
- Wir beten, dass die Arbeit von Verkündigern des Evangeliums gesegnet wird.
- Wir beten um die Bewahrung der Kinder Gottes («betet füreinander», sagt Jakobus).
- Wir beten für andere Christen, damit sie geistlich wachsen und inneren Frieden haben.
- Wir beten dafür, dass Gott Seine Kinder als gute Werkzeuge gebrauchen kann.
- Wir beten für die Heilung von Kranken.
- Wir beten für die Bewahrung junger Menschen vor den Einflüssen dieser Welt.

Abraham als Vorbild

Das erste bedeutende Beispiel für ein Eintreten vor Gott in der Bibel ist die Begebenheit, als Abraham für das Leben von Lot und dessen Haus bat (s. den Bericht in *1. Mose 18*). Der Text, in dem Abraham mit Gott «handelt», ist sehr bekannt, und er enthält wichtige Anweisungen für die Art, wie unsere Fürbitte aussehen sollte. Als der Herr sagte, Er wolle sich Sodom ansehen, wusste Abraham sofort, dass die Stadt wegen ihrer grossen Bosheit zerstört werden würde. Sofort «blieb Abraham noch stehen vor dem Herrn». Die Fürbitte Abrahams erfolgte nicht nur aus einem Pflichtgefühl; auch kamen ihm die Worte nicht leicht über die Lippen, sondern er war mit dem Herzen und dem Verstand voll und ganz dabei. Er glaubte einfach, dass sein Flehen vor dem Herrn Gehör finden würde. Diesem Beispiel müssen wir folgen. Abraham bittet darum, dass Gott Sodom verschont, wenn sich fünfzig Gerechte in der Stadt finden. Damit appelliert er an die Gerechtigkeit Gottes. Trotzdem ist er sich sicher, dass der «Richter der ganzen Erde» das Richtige tun wird, und er stimmt dem souveränen und vollkommenen Willen Gottes zu. Auch wir bringen unsere Bitten vor Gott, weil wir Gehör finden wollen, aber wir wollen dem Herrn nichts aufdiktieren.

Die Wortwahl Abrahams ist bedeutungsvoll, wenn er sagt: «Ach siehe, ich habe es gewagt, mit dem Herrn zu reden, obwohl ich nur Staub und Asche bin!» Kurz darauf sagt er: «Möge es meinen Herrn nicht erzürnen, wenn ich noch weiter rede!» Der grosse Patriarch wusste, dass Gott nur eine demütige Fürbitte annimmt, und wir müssen das auch begreifen, damit unsere Bitten Gehör finden. Abraham setzte sich selbst mit Staub und Asche gleich. Auch wir müssen bereit sein, in Demut vor Gott zu treten. Wir müssen auch darüber nachdenken, wann wir uns der Liebe Gottes unwürdig erwiesen haben, wann wir etwas Verkehrtes getan haben, uns eines Versäumnisses schuldig gemacht oder Sünden begangen haben, die Geduld des Herrn auf die Probe gestellt haben oder in anderer Form vor Gott versagt haben. Wir tun das, damit wir aus der richtigen Perspektive heraus vor Gott treten, Ihn wirklich ehren und uns vor Ihm unterordnen. Der Dichter James Montgomery hat diese Haltung so in Worte gefasst:

Herr, lehre uns in rechter Weise beten,
mit Ehrfurcht und mit Furcht.
Auch wenn wir Staub und Asche sind vor dir,
wir dürfen, ja, wir müssen vor dein Angesicht treten.

Die Bitten Abrahams wurden gehört und erhört, aber nicht so, wie er es erwartete. Die Stadt wurde zerstört und Lot wurde aus der Katastrophe gerettet. Das war eine viel bessere Lösung als die von Abraham angestrebte. Die Grundzüge seines Gebets wurden honoriert, aber nicht die Details. Uns geht es heute genauso. Der Herr erhört unsere Gebete häufig auf eine viel bessere Art als die von uns erbetene.

Mose tritt für sein Volk ein

Mose war ebenfalls ein bemerkenswerter Fürbitter. Er trat vor Gott wiederholt für sein Volk ein, auch dann, wenn es ihm feindlich gesonnen war. Als Gott die Vernichtung des Volkes in Erwägung zog (2. Mose 32,9 ff.), schrie Mose leidenschaftlich zu Ihm und bat Ihn darum, den guten Namen und die Ehre des Herrn in den Augen der Ägypter nicht aufs Spiel zu setzen. Er berief sich auch auf die Verheissungen, die Gott den Patriarchen gegeben hatte. Die Verse mit seinem Gebet gehören zur Pflichtlektüre für Fürbitter (2. Mose 32,11–13), weil der Herr dieses Gebet erhörte und Israel vor der Vernichtung bewahrte. Wir lernen daraus, dass Fürbitte auch gefühlvoll sein kann und weiter praktiziert werden muss, auch gegen den Widerstand derer, für die man betet, weil das Ziel des Fürbittegebets die Ehre und die Herrlichkeit Gottes ist.

In demselben Kapitel im zweiten Buch Mose sehen wir, wie Mose so erfüllt ist vom Verlangen, sein Volk zu retten, dass er Gott bittet, ihn aus Seinem Buch zu tilgen, wenn das für sein Volk von Nutzen gewesen wäre. Erstaunlicherweise folgt diese Bitte auf den Frevel mit dem goldenen Kalb. Gott nahm das Angebot des Mose nicht an, aber er würdigte die Leidenschaft, die dahinter steckte. Obwohl das Volk sich ihm gegenüber so abstossend verhielt, nahm er seine Pflicht als Fürbitter sehr ernst. Wenn wir für diejenigen, die der Herr uns anvertraut hat, auch eine so grosse Verantwortung empfinden würden, könnten wir noch viel stärker erleben, wie Gott diese Menschen segnet.

Die standhafte Fürbitte von Samuel

Der vielleicht bemerkenswerteste Fürbitter von allen war Samuel, der durch Gebet geborene Prophet, dessen Name bedeutet «von Gott erbeten». In 1. Samuel 12,23 spricht er zum Volk: «Es sei aber auch ferne von mir, mich an dem Herrn zu versündigen, dass ich aufhören sollte, für euch zu beten.» Wenn wir die Fürbitte vernachlässigen, sündigen wir, weil wir damit unseren priesterlichen Dienst ablehnen und anderen gegenüber Härte und Gleichgültigkeit an den Tag legen.

Samuel wollte *nicht aufhören* zu beten. Diese Worte zeigen uns, dass die Fürbitte zu seinen täglichen Gewohnheiten gehörte. Auch wir sollten diese Gewohnheit täglich pflegen und vor allem für die Bekehrung unserer Familienmitglieder beten, aber auch für bestimmte Arbeitskollegen und andere unerlöste Menschen aus unserem Umfeld, besonders für junge Leute, die Kontakt zu unserer Gemeinde haben. Wenn unsere Gebetsliste zu lang wird, müssen wir sie vielleicht auf die ganze Woche aufteilen, denn wir sollten es nie dabei belassen, einfach nur Namen zu erwähnen.

Die Menschen aus seinem Volk wussten genau, dass Samuel vor Gott für sie eintrat, und wenn sie Angst hatten oder von ihrer Schuld überführt wurden, drängten sie ihn dazu (1. Samuel 12,19). Für diese Israeliten schrie Samuel zum Herrn. Das Wort «schrie» vermittelt eine starke Ernsthaftigkeit und Leidenschaft. Es ist daher nicht überraschend, dass Samuel im Wort Gottes als Fürbitter einen besonderen Stellenwert hat. In Psalm 99 lesen wir von «Mose und Aaron und seinen Priestern, und Samuel unter denen, die seinen Namen anriefen, sie riefen den Herrn an, und er erhörte sie». In einem anderen Zusammenhang, als der Herr den Juden durch den Mund des Propheten Jeremia das Gericht ankündigt, offenbart Er: «Selbst wenn Mose und Samuel vor mich hinträten, so wollte ich doch mein Herz diesem Volk nicht zuwenden.» Das Erstaunliche daran ist, wie wirksam die Fürbitte dieser Männer in den Augen Gottes ist.

Ratschläge für den Dienst der Fürbitte

Wir sollten im Gebet mehr erwähnen als nur Namen. Vielmehr sollten wir den biblischen Beispielen der Fürbitte folgen und um konkrete Segnungen bitten, weil eine vage Fürbitte nicht Ausdruck eines tiefen Mitgefühls und eines leidenschaftlichen

Wunsches ist. Wir sollten jeden Namen einzeln nennen und um etwas Bestimmtes bitten. Wir sollten mitempfinden mit denen, für die wir beten, und uns zum Beispiel ihre Ängste vorstellen, wenn sie noch nicht erlöst sind, oder ihre Schmerzen, wenn sie krank sind. Wir sollten uns anstrengen, wenn wir diese Menschen vor dem Herrn vertreten, als ob wir Ihn tatsächlich überreden wollten. Wenn wir das nicht tun, verschwindet die Ernsthaftigkeit sehr schnell aus unserem persönlichen Gebet.

Wir sollten beharrlich und regelmässig für die Verlorenen beten und nicht nachlassen, bis der Herr uns vom Himmel her antwortet (oder bis die Sünde zum Tod sichtbar wird). Wir sollten auch darauf achten, Gläubigen den nötigen Respekt entgegenzubringen, wenn wir für sie beten, damit unsere Fürbitte nicht einen herablassenden Ton annimmt und wir dadurch Auftrieb bekommen, als ob wir für bedürftige Untergebene beten. Unser Gebet sollte niemals von einer gönnerhaften Haltung verunreinigt werden.

Wir sollten viel für unsere Sonntagsschulklasse beten oder für jeden anderen Menschen, für den wir besondere Verantwortung tragen. Der betende Lehrer oder die betende Lehrerin wird zwangsläufig den Kontakt suchen zu denjenigen, für die er oder sie betet, weil ihm oder ihr an den anderen wirklich etwas liegt. Wir sollten in unserer Fürbitte auch für diejenigen Zeit einräumen, die im christlichen Dienst stehen. Wir sollten uns die Schwierigkeiten und die besonderen Gelegenheiten bewusst machen, die diesen Menschen begegnen, und diese Punkte als Gebetsanliegen vor den Herrn bringen. Auch sollten wir nicht vergessen, uns über Gebetserhörungen zu freuen und Ihm dafür zu danken.

Wieder muss die Notwendigkeit eines mit Inbrunst und Leidenschaftlichkeit ausgesprochenen Gebets hervorgehoben werden. Wir brauchen ein Empfinden von Feierlichkeit, eine Atmosphäre der Ehrfurcht und eine Haltung der Demut. Wenn alle Mitglieder einer Gemeinde sich auf diese Weise beständig in der persönlichen Fürbitte engagieren würden, würde daraus ein bemerkenswerter Segen erwachsen. Es ist bekannt, dass vor dem Beginn von Erweckungen oft ein ausgedehntes Engagement bei der Fürbitte für Menschen im Allgemeinen und für Einzelpersonen stattgefunden hat.

Wenn Sie nur gelegentlich für andere Menschen vor Gott eintreten oder wenn Sie bei der Fürbitte mutlos geworden sind, dann nehmen Sie diesen wichtigen und privilegierten Dienst sofort ernster. Stellen Sie eine Liste mit Gebetsanliegen zusammen und treten Sie vor den Herrn. Denken Sie daran, dass Sie in nur zehn Minuten für viele Menschen beten können, aber das müssen Sie dann auch jeden Tag tun. Aber vergessen Sie eines nicht: Konkrete, ins Detail gehende Gebete, begleitet von dem leidenschaftlichen Wunsch nach Erhörung, sind unverzichtbar für den «priesterlichen» Dienst der Fürbitte.

Kapitel 14

Schwerpunkte des Gebets

Ausdauer beim Beten

Er sagte ihnen aber auch ein Gleichnis dafür, dass man allezeit beten und nicht nachlässig werde solle (Lukas 18,1).

Seid ausdauernd im Gebet und wacht darin mit Danksagung (Kolosser 4,2).

Betet ohne Unterlass! (1. Thessalonicher 5,17).

Wenn wir in bestimmten Situationen die Hilfe Gottes brauchen oder wir uns gedrängt fühlen, für jemanden zu beten, warum sollen wir das dann wiederholt und oft über einen langen Zeitraum tun? Häufig hört und erhört der Herr Gebete beinahe sofort, vor allem in Notzeiten. Aber jeder betende Christ erlebt auch das Umgekehrte, nämlich lange Wartezeiten, die sich manchmal über viele Jahre erstrecken können. Manchmal stellt sich die Frage, ob es angemessen ist, für eine Person oder Situation wiederholt zu beten. Aber das muss so sein, weil uns das der Text in Kolosser 4,2 sagt. Warum muss es sein? Was beabsichtigt Gott damit? Wir behandeln doch unsere Mitmenschen auch nicht so. Wir warten doch auch nicht, bis jemand uns fünfzig Mal um etwas gebeten hat, bevor wir reagieren. Es gibt mehrere Gründe, warum Gott so mit uns handelt.

Fünf Gründe, warum Gott uns warten lässt

1 Gott lässt uns wohl auch deshalb wiederholt um etwas bitten, damit wir Ihn aus der richtigen Perspektive sehen. Er lässt es nicht zu, dass wir aus Ihm einen Diener machen, der uns ständig zur Verfügung steht, denn sonst würden wir Ihn nicht mehr um Dinge bitten, sondern nur noch fordern: «Mach dies!» oder «Mach jenes!» Wenn Er alle unsere Gebete sofort erhören würde, würden wir uns sehr bald als die Herren sehen und den Herrn als einen Diener, der nur für unser Wohlergehen zu sorgen hat. Wir würden vergessen, Ihm als dem erhabenen, souveränen Gott die Ehre zu geben. Deshalb lässt Er uns warten. Er wünscht sich von uns Demut und Ausdauer beim Gebet, damit wir nicht vergessen, wer Er ist und wer wir sind – unwürdige Kreaturen, die allein aus Gnade erlöst sind. Es liegt an unseren gefallenen Herzen, dass wir unablässig beten müssen.

2 Dann wieder reagiert Gott vielleicht deshalb mit Verzögerung auf unsere Gebete, weil Er will, dass wir auf dem Boden der Wirklichkeit bleiben. Wenn wir Gott wiederholt um etwas bitten müssen, begreifen wir, dass die gewünschte Gebetserhörung keine einfache Sache ist und nicht von Menschen herbeigeführt werden kann. Wenn unser Gebet sich über einen längeren Zeitraum hinzieht, wissen wir es wirklich zu schätzen, wenn es erhört wird. Falls wir nur einmal um die Errettung eines Sünders bitten müssten, und er wäre am nächsten Tag erlöst, würden wir vielleicht aufhören, an die totale Verdorbenheit der menschlichen Natur zu glauben. Wir würden stattdessen annehmen, die Menschen seien in Wirklichkeit vernünftige Wesen, die leicht zu überzeugen und offen für das Evangelium seien. Deshalb lässt der Herr uns warten, damit wir in der gesunden Lehre bleiben und begreifen, wie schwer es aus menschlicher Sicht ist, unsere Gebete zu erhören.

3 In ähnlicher Weise verzögert Gott Seine Reaktion auf unsere Gebete wohl auch deshalb, um uns an unsere eigene Schwachheit und Abhängigkeit von Ihm zu erinnern. Müssten wir Ihn nur einmal um etwas bitten, würden wir bestimmt das Ausmass unserer Hilflosigkeit aus den Augen verlieren. Wenn wir in einem einzigen Jahr tausend bedeutende Gebetserhörungen erleben würden und unser Leben ein einziger Siegeszug wäre, wären wir wahrscheinlich aufgebläht vor lauter geistlichem Stolz. Vielleicht meinten wir dann, *wir selbst* brächten diese wunderbaren Dinge zustande – mit nur ein wenig Hilfe vom Herrn. Weil der Herr uns aber warten lässt, müssen wir erkennen, dass wir *niemals* aus eigener Kraft das zustande bringen können, wofür wir beten.

Häufig erleben ganze Gemeinden diese Verzögerung bei Gebetserhörungen. Sie plagen sich lange mit Missionseinsätzen in ihrem näheren Umfeld, aber ohne sichtbaren Erfolg. Wenn aber jedes Gemeindeglied erkennt, dass Menschen nicht dazu überredet werden können, das Wort Gottes anzunehmen, greift der Herr plötzlich ein.

4 Vielleicht hat der Herr ein weiteres Ziel, wenn Er von uns fordert, ausdauernd zu sein im Gebet, und zwar will Er uns die Voraussetzungen für das Gebet ins Gedächtnis rufen. Wenn wir Gott eine Zeitlang um etwas bitten, mit wachsendem Verlangen und zunehmender Sorge, dann fangen wir an, uns zu fragen: «Hält Gott Seine Hand zurück, weil ich nicht danach strebe, ein heiliges Leben zu führen? Oder liegt es daran, dass ich anderen nicht von Ihm erzähle oder nicht in Seinem Wort lese? Bin ich vielleicht nicht aufrichtig und treu?» Wir fühlen uns herausgefordert und beginnen, über die Voraussetzungen für das Gebet nachzudenken. Indem der Herr mit Seiner Antwort wartet und von uns fordert, Ihn immer wieder darum zu bitten, bringt Er uns dazu, uns selbst zu prüfen und zu hinterfragen.

5 Wenn Gott uns warten lässt, beabsichtigt Er damit auch, dass wir uns fragen, was wirklich wichtig ist. Wenn Gott jedes Gebet sofort erhören würde, gliche unsere Gebetsliste bald einem Einkaufszettel, der stark erweitert würde mit Bitten um unnötige Annehmlichkeiten und Luxusgüter. Aber wenn wir monatelang und beharrlich für bestimmte Anliegen beten müssen, finden wir schnell heraus, welche von ihnen unwürdig oder unangemessen sind. Solche Anliegen werden wir bestimmt nicht wiederholt vor den Herrn bringen. Wir erkennen, dass wir sie ruhig weglassen können. Auf diese Weise hilft uns das Warten auf eine Gebetserhörung dabei, selbstsüchtige und von Weltliebe geprägte Bitten auszufiltern. «O welche Tiefe des Reichtums sowohl der Weisheit als auch der Erkenntnis Gottes!»

Wachsamkeit beim Gebet

Seine Ermahnung, im Gebet ausdauernd zu sein, ergänzt der Apostel mit diesen Worten: «… und wacht darin mit Danksagung.» Das bedeutet zunächst nicht, dass wir nach der Gebetserhörung Ausschau halten sollen, obwohl dieser Gedanke auch zum Ausdruck kommt. Vielmehr bedeuten diese Worte: Bleibt wachsam, passt auf, bleibt wach. Es besteht die Gefahr, dass wir uns beim Gebet sehr schnell entspannen oder unsere Leidenschaft nachlässt. Das Gebet wird dann zu einem Automatismus. Wir denken dabei nicht mehr nach, und wir empfinden dabei auch kein Verlangen mehr. Wachsam zu sein oder zu bleiben bedeutet vor allem, dass wir die Qualität, die Art und den Umfang unserer Gebete streng überwachen. Sind alle Formen des Gebets in unseren Bitten enthalten? Beten wir nur für uns selbst und unsere eigenen Probleme? Schliessen wir alle Schwerpunkte des Gebets mit ein, also auch das Lob Gottes und bewussten Dank? Wenn wir für unsere Gemeinde und ihr Zeugnis beten, bitten wir dann auch um die Kraft, unsere Sünden zu überwinden? Es gibt viele Anliegen, für die wir beten können. Manchmal verfallen wir in eine gewisse Routine oder wir berücksichtigen nur einen winzigen Teilbereich des Gebets, obwohl der Herr von uns will, dass wir Ihm die unterschiedlichsten Anliegen bringen.

Wachsam sein bedeutet auch: Die Erhörung eines Gebets kann neue Verantwortung mit sich bringen, und wir müssen dann angemessen reagieren. Häufig beantwortet Gott unsere Gebete, indem Er uns die Gelegenheit gibt, beim Endresultat eine gewisse Rolle zu spielen. Wenn wir zum Beispiel für die Bekehrung eines Bekannten beten, kann der Herr uns eine einzigartige Gelegenheit geben, mit dieser Person zu sprechen. Wenn wir nicht wachsam sind, merken wir vielleicht gar nicht, was geschieht, sondern wir verhalten uns so, als ob wir uns in einem geistlichen Koma befinden. Wir dürfen niemals so beten, als ob Gott sich um alles kümmert, ohne uns dabei einzubeziehen. Gott beabsichtigt, uns zu Werkzeugen zu machen. Wir können nicht beten: «Herr, errette alle meine Arbeitskollegen, aber bitte gebrauche dafür andere, nur mich nicht, weil es mir peinlich ist, von dir zu erzählen.»

Wachsam zu sein bedeutet auch, sorgfältig und methodisch vorzugehen. Die meisten Menschen gehen sehr systematisch vor, wenn es um ihre weltlichen Belange geht. Sie unterziehen Kontoauszüge, Rechnungen und Buchhaltungsunterlagen einer genauen Prüfung, aber wenn es um das Gebet geht, sind sie alles andere als gründlich. Sie legen sich noch nicht einmal ein Stück Papier zurecht. Das Gebet sollte in gewissem Masse auch geplant und von Zeit zu Zeit überprüft werden. Das alles ist enthalten in dem Ausdruck «wachsam sein» oder «wachen». Niemals sollte dieses grösste aller Vorrechte, der Dienst des Gebets, unpräzise sein, gedankenlos oder planlos.

Kapitel 15

Schwerpunkte des Gebets

Eine Hilfestellung bei Problemen im Gebetsleben

Jakob aber blieb allein zurück. Da rang ein Mann mit ihm, bis die Morgenröte anbrach. Und als dieser sah, dass er ihn nicht bezwingen konnte, da rührte er sein Hüftgelenk an, so dass Jakobs Hüftgelenk verrenkt wurde beim Ringen mit ihm (1. Mose 32,25–26).

Im Laufe ihres Gebetslebens können bei Gläubigen die unterschiedlichsten Probleme auftreten. Es folgt eine kleine Auswahl solcher Schwierigkeiten, für die in diesem Kapitel Lösungsmöglichkeiten vorgeschlagen werden (nicht erwähnt haben wir die Möglichkeit einer Verstockung, die auftreten kann, wenn eine schlimme Sünde nicht bekannt wird).

1. Zweifel und mangelnder Glaube.
2. Herzenskälte oder ein Mangel an Motivation.
3. Kein Verlangen, mit Gott in Verbindung zu treten.
4. Probleme mit Zerstreutheit, mit Konzentrationsfähigkeit oder auch Müdigkeit.
5. Sorgen nehmen überhand und halten vom Gebet ab.
6. Vergesslichkeit gegenüber den Gebetsanliegen.
7. Tendenz, mechanische Gebetsformeln zu verwenden.

8. Zulassen von Ärger und Bitterkeit.
9. Mangelnde Bereitschaft zur Vergebung.
10. Übermässige Gefühle, die unsere Vernunft ausschalten.

Beten, auch wenn man nichts fühlt

Wir wollen uns zuerst mit einer Gruppe von Problemen beschäftigen. Dazu gehören fehlende Gewissheit, eine empfundene Kälte beim Gebet, ein fehlendes Empfinden für Gott und ein geringes Bedürfnis, zu beten. Eine Lösung finden wir im berühmten Text von Jesaja 50,10: «Wer unter euch fürchtet den Herrn? Wer gehorcht der Stimme seines Knechtes? Wenn er im Finstern wandelt und ihm kein Licht scheint, so vertraue er auf den Namen des Herrn und halte sich an seinen Gott!»

Diese Worte warnen uns, dass es Zeiten gibt, in denen Gefühle und auch eine klare Gewissheit einen Gläubigen verlassen. Aber nach der Anweisung des Herrn hindert uns das nicht daran, weiter zu glauben und zu beten. Deshalb sollten wir auch weiter unseren geistlichen Pflichten nachgehen, auf den Namen des Herrn vertrauen und uns an unseren Gott halten. Eigentlich will uns dieser Vers sagen: «Deine Gefühle machen nicht mehr mit, und deshalb kannst du nicht so empfinden, wie du es gerne möchtest. Der Feind deiner Seele nützt das offenbar aus und greift dich an, aber dadurch wird dein Gebet nicht untauglich.» Wie wir bereits zuvor erwähnt haben, sollten Sie unter solchen Umständen ohne Rücksicht auf Ihre Gefühle vor den Herrn treten, Ihren Verstand benutzen und sich allein auf Ihren Glauben stützen. Wenn Kopf und Herz nicht zusammenwirken, müssen Sie eben nur vom Kopf her beten. Wenn Sie nichts empfinden, meinen Sie vielleicht, Sie hätten sich verändert, aber Gott ändert sich nicht. Derselbe gütige Gott, der die Gebete Seiner Kinder hört und erhört, wird auch Sie hören. Sie müssen Ihm vertrauen. Diesen Rat gibt uns der Text in Jesaja 50,10.

Wenn wir es akzeptieren, dass es durchaus legitim ist, nur vom Verstand her zu beten, fällt uns das Gebet wieder leichter.

Wenn wir erkennen, dass unser Gebet nicht abhängig ist vom Gefühl der Gewissheit und noch nicht einmal von einer empfundenen Bindung an Gott, können wir uns dieser Aufgabe stellen. Vielleicht hat Gott an dieser Art von Gebet sogar den grösseren Gefallen. Denken wir an die Behauptung Satans, Hiob würde Gott nur um seines Vorteils willen dienen, und wenn der göttliche Segen wegfallen würde, würde sich seine Unaufrichtigkeit herausstellen. Der Herr liess zu, dass Hiob alle Segnungen verlor, aber Hiob gab seinen Glauben an den Herrn niemals auf. Sicher beklagte er sich auf unangemessene Weise und verhielt sich anmassend Gott gegenüber, aber er wollte vor allem herausfinden, warum der Herr so an ihm handelte. Verleugnen wollte er Ihn jedoch nie. Satans Behauptung erwies sich als falsch.

Satan ist davon überzeugt, dass auch wir Gott nur dann dienen, wenn wir uns wohl fühlen. In gewisser Weise antwortet der Herr darauf in Jesaja 50,10. Er will damit sagen: «Mein Diener wird mich suchen, auch wenn ihm nur noch der Verstand bleibt. Er wird ihn auch im Gebet gut nutzen.» Satan wird auch in unserem Fall Unrecht behalten, wenn wir ohne Rücksicht auf das, was wir empfinden, weiterbeten. Gott blickt mit besonderem Wohlgefallen auf uns, wenn wir durchhalten und selbts ohne Gewissheit oder gute Gefühle beten, denn das ist Glaube in seiner «Urform», ohne jedes schmückende Beiwerk. Deshalb sollten wir unseren Verstand gebrauchen und uns im Lobpreis und Gebet üben, auch bei fehlenden Emotionen. Auch wenn uns das sehr theoretisch vorkommt, können wir darauf vertrauen, dass zu seiner Zeit unsere Empfindungen wieder zurückkehren.

Hilfreich beim Gebet ist auch diese Erkenntnis: Wenn wir nicht beten, berauben wir Gott des Lobpreises und somit dessen, was Ihm zusteht. Auch wenn unsere Gefühle nicht so sind, wie wir sie gerne hätten, schulden wir Gott unseren Dank und unsere Anbetung. Beides dürfen wir Ihm nicht vorenthalten. Sogar wenn der Lobpreis nur vom Verstand her geschieht, hat er vor Gott volle Gültigkeit.

Gebetsprobleme in den Psalmen

Wenn wir nur vom Verstand her beten, erleben wir oft, wie das Herz darauf reagiert. Beispiele dafür finden wir auch in den *Psalmen.* Bewegende Worte von David in *Psalm 13* zeigen uns, wie ihm das Herz aufgeht und er die Treue Gottes bezeugt. Dadurch lösten sich die Schatten auf seiner Seele auf und sein Vertrauen kehrte zurück. Der Liederdichter bringt diese Erfahrung Davids so zum Ausdruck:

Ewiges Licht! Ewiges Licht!
Nur der, dessen Seele rein,
kann nahen dir mit Zuversicht
und Freude, denn du wehrst ihm nicht;
er darf vor dir, Herr, sein!

Geschart um dich das Himmelsheer
in deiner Glückseligkeit;
dies war sein Teil von alters her,
nie kannte es das Sündenmeer
einer Welt voll Verlorenheit.

Die Erde meinem Leben gleicht,
wo Finsternis und Nacht,
bevor das Licht der Welt verscheucht,
das Dunkel und mein Herz erreicht
der Lichtstrahl deiner Macht.

Das Tor zum Licht ist aufgemacht,
zu jenem herrlichen Ort;
ein Opfer ward für uns geschlacht',
die Kraft des Geistes uns gebracht,
ein Fürsprecher bei Gott!

Nur dadurch werden wir befreit,
die Heiligkeit zu seh'n;

erst in der Nacht, jetzt ihm geweiht
und einst in seiner Herrlichkeit,
um dann im Licht zu steh'n!

Am Ende des Psalms ertönt von den Lippen Davids wieder ein Loblied. Wir sollten daraus lernen, dass wir uns von neuem freuen können, wenn wir immer wieder von der Güte Gottes erzählen und uns Seine Wohltaten ins Gedächtnis rufen, selbst wenn wir dabei nur wenig empfinden.

In *Psalm 56* bringt David ebenfalls unter schwierigsten Umständen sein Vertrauen zu Gott zum Ausdruck. Er denkt nach über die Güte des Herrn und über Sein Wort. Wieder vereinen sich seine Gefühle mit seinem Verstand. Die Worte des Psalmisten in *Psalm 61* haben in bestimmten Zeiten für alle Gläubigen einen vertrauten Klang: «Vom Ende der Erde rufe ich zu dir, da mein Herz verschmachtet: Führe du mich auf den Felsen, der mir zu hoch ist!» Wieder empfindet der Psalmist durch das Nachdenken über Gott, das Vertrauen in Seine Güte und das Danken ein Hochgefühl.

Psalm 42 (Verfasser unbekannt) ist ein hervorragendes Beispiel, wie unser deutliches, im Gebet ausgesprochene Bekenntnis über unseren Glauben an die Treue Gottes unsere Stimmung heben kann. Auch der von Asaph verfasste *Psalm 77* verdeutlicht den grossen Wert des Lobpreises für eine Wiederbelebung von totgeglaubten Gefühlen. Wir sollten im Lobpreis alle uns zuteil gewordenen Segnungen und auch die übergrosse Güte Gottes vergegenwärtigen und genau betrachten. Niemals aber sollten wir Gott gegenüber in ein einsames Schweigen verfallen.

Zum Lobpreis fügen wir zwei weitere Massnahmen gegen die Herzenskälte hinzu. Das erste Hilfsmittel ist ein in alle Einzelheiten gehendes Nachdenken über die vielen bedeutenden Gebetserhörungen, die uns der Herr in den letzten Wochen oder sogar Monaten und Jahren geschenkt hat. Wir sollten uns darum bemühen, uns an die Wege zu erinnern, die Gott mit uns gegangen ist, und Ihm dafür danken. Vielleicht ist es hilfreich, diese Gebetserhörungen niederzuschreiben, damit man sie beim Gebet gleich zur Hand hat.

Wir haben bereits ein weiteres Hilfsmittel für die «Gefühlsproblematik» erwähnt. Hier geht es darum, in unseren Gebeten der Fürbitte den ersten Platz einzuräumen. Wenn wir vor dem Gebet kühl und distanziert sind, aber dann vor Gott für andere eintreten, denken wir weniger an unsere eigenen Gefühle und Schwierigkeiten. Wir konzentrieren uns stärker auf die Bedürfnisse der anderen, und auf diesem Weg kann auch unser Herz wieder bewegt werden. Unser Dienst der Fürbitte ist nicht nur ein Segen für andere, sondern auch für uns.

Was tun bei Müdigkeit?

Was können wir tun, wenn unsere Gebetszeit erschwert wird durch Müdigkeit, Konzentrationsschwäche oder Vergesslichkeit? Dieses Problem können wir lösen, wenn wir kürzer und häufiger beten, und zwar mehrmals am Tag, immer, wenn sich die Gelegenheit dazu bietet. Wir sollten auch öfter ein paar Sätze als «Stossgebete» formulieren. Wiederholtes Gebet erwähnt auch David in Psalm 55 (einem seiner Psalmen der Verzweiflung): «Abends, morgens und mittags will ich beten und ringen, so wird er meine Stimme hören» (V. 17). Häufig gesprochene Gebete sind ein sicheres Hilfsmittel gegen die Müdigkeit.

Abschweifenden Gedanken und Konzentrationsschwäche wirkt man auch entgegen, indem man sein Gebet in mehrere Teile zerlegt. Wenn Ihre Gedanken abschweifen, hören Sie auf zu beten. Warten oder lesen Sie fünf Minuten lang, und dann beten Sie weiter. Ein weiteres bewährtes Hilfsmittel für die Konzentration ist die Verwendung von Notizen beim Gebet. Diese Methode sollen wir alle von Zeit zu Zeit anwenden, denn dadurch erlernen wir eine gründliche Vorgehensweise. Besonders wertvoll ist sie natürlich, wenn wir unsere Gedanken nicht zusammennehmen können. Schreiben Sie sich Ihre Gebetsanliegen auf, und meinen Sie nicht, dieses Hilfsmittel sei banal. Notieren Sie alle Situationen und Personen, für die Sie beten wollen. Vergessen Sie die Einzelheiten nicht. Während Sie beten, können Sie immer auf diese Liste zurückgreifen. Die Liste gibt Ihnen die Struktur Ihres Gebets vor, und so können Sie zielgerichtet beten. Es ist gut, wenn Sie sich für jedes Gebetsanliegen von Tag zu Tag unterschiedliche Einzelheiten notieren. Dann sind die aufeinander folgenden Gebetszeiten immer ein wenig anders, und Sie können konzentriert und zielbewusst beten.

Der nächste Rat klingt vielleicht wie ein Verstoss gegen die Regel, nicht zu plappern wie die Heiden. Aber das ist nicht wirklich der Fall. Wenn man müde ist und es einem schwer fällt, für andere zu Gott zu flehen und seine Gedanken himmelwärts zu richten, kann es eine Hilfe sein, jedes Gebetsanliegen zwei Mal zu erwähnen. Auf diesem Weg kann man sich besser konzentrieren, und oft wird dem Beter die Ernsthaftigkeit eines Anliegens bewusst. Vielleicht sollte man es sich nicht unbedingt angewöhnen, *immer* auf diese Art zu beten, aber ein Gebet kann dadurch mehr Aussagekraft bekommen. Dabei behalten wir durchaus die scharfe Kritik unseres Herrn und Erlösers am «sinnlosen Geplapper» im Auge. Schliesslich wollen wir mit diesem Hilfsmittel unserer Bitte mehr Aufrichtigkeit und Nachdruck verleihen und nicht zu einer gebetsmühlenartigen Wiederholung von leeren Beschwörungsformeln auffordern.

Beten mit der Bibel

Ein weiteres kostbares und bewährtes Hilfsmittel für übermüdete Beter ist das Beten mit der Bibel. Suchen Sie sich für Ihre Gebetszeit einen Abschnitt aus der Bibel aus (der *Epheserbrief* ist sehr gut geeignet dafür). Lesen Sie einen Vers oder eine Zeile, und dann sprechen Sie den Text als Gebet. Danken Sie Gott für die im jeweiligen Text enthaltene Wahrheit. Loben und preisen Sie Ihn dafür. Beten Sie Gott an für die Verheissung, das Gebot oder die Ermahnung und für deren Bedeutung. Stellen Sie sich unter das jeweilige Wort und verpflichten Sie sich zum Gehorsam. Kehren Sie um, wenn ein Wort Ihnen eine Sünde bewusst macht. Dann lesen Sie den nächsten Vers oder die nächste Zeile. Nehmen Sie sich Zeit, um darüber nachzudenken und zu beten. Wenn wir so vorgehen, lassen wir das Wort Gottes über unsere Gebetsanliegen entscheiden. Mit dieser Methode erfüllen wir sicherlich nicht alle unsere Verpflichtungen als Beter, aber in Notzeiten kann sie uns helfen, unser Herz wieder auf den Herrn auszurichten.

Unerwünschte Gedanken abwehren

Welches Hilfsmittel gibt es gegen Zorn, Bitterkeit, Eifersucht oder andere unerwünschte Gedanken und Gefühle, die unsere Gebetszeit stören? Diese «Eindringlinge» müssen mit grosser Entschiedenheit und Festigkeit zurückgewiesen und vertrieben werden. Wir müssen die bösen oder unangebrachten Gedanken im wahrsten Sinne des Wortes abtöten. Vielleicht dringen diese Gedanken in Ihre Gebetszeit ein, weil wir ihnen schon seit längerer Zeit einen gewissen Spielraum zugestanden haben, oder anders ausgedrückt: Wir haben sie nicht von uns gewiesen und im Gebet Gott überlassen, sondern wir haben sie angereichert mit Selbstmitleid oder mit Groll gegen jemanden, der uns Unrecht getan hat. Wenn das der Fall ist, müssen wir diese Verhaltensweisen bereuen und darüber Busse tun, bevor wir ins Gebet gehen.

Aber wenn die unerwünschten Gedanken oder Gefühle auf gerechtfertigter Trauer oder Enttäuschung beruhen, sollten wir trotzdem die Zeit, in der wir uns mit ihnen beschäftigen, begrenzen und ihnen während unserer Gebetszeit einen Riegel vorschieben. Neben dem feierlichen Versprechen, diesen Eindringlingen keinen Raum zu lassen, können manche der bereits erwähnten Hilfsmittel bei Herzenskälte oder Konzentrationsschwäche uns auch hier helfen, an unseren Gebetsanliegen festzuhalten.

Das Problem

Ein gewisser Fatalismus nimmt unserem Gebet unweigerlich die Leidenschaftlichkeit. Es fällt uns schwer, für Kranke zu beten, wenn wir jede Bitte mit einem resignierten «wenn es dein Wille ist» beenden. Es ist zwar richtig, diese Worte zu gebrauchen, aber falsch ist es, sie in einem fatalistischen Sinne zu verstehen. Wir müssen uns bewusst machen, dass für Gott das Gebet ein Bestandteil im Prozess des Segnens ist und Er es deshalb zu einem Werkzeug machen kann. Sein Gebot, mit Inbrunst zu beten, hat einen Sinn und Zweck. Er hat nicht vor, uns ganz und gar zu ignorieren.

In der Bibel ruft Gott mich zum Gebet, und ich muss auf diesen Ruf reagieren. Er verheisst mir Seinen Segen, wenn ich gehorsam bin. Er rührt mein Herz an und legt den Wunsch zu beten hinein, aber ich kann mich trotzdem verweigern. Ist Gott etwa schuld daran? Hat Er vielleicht ein wichtiges «Bindeglied» weggelassen, als Er zu meinem Herzen sprach? Nein, denn es ist meine Schuld. Wenn ich nicht bete, werde ich den damit verbundenen Segen nicht empfangen.

Das Wort Gottes sagt uns, dass unsere Gebete bei Gott tatsächlich etwas bewirken. Er hat offenbar schon vor Grundlegung der Welt unsere Gebete in Seine Überlegungen mit einbezogen. Er freut sich, wenn Er uns beten hört, und Er verpflichtet sich, auf unsere Gebete zu reagieren. Es stimmt wirklich: «Ihr habt nicht, weil ihr nicht bittet.»

Wir können voller Inbrunst beten, wenn wir die feste Zuversicht haben, dass Gott unser Schreien beachtet und sich von Seinen Kindern überreden lässt, im Einklang mit Seinem geheimen und geheimnisvollen Willen. Wir müssen die Worte Christi wörtlich nehmen, auch diejenigen, die dem Apostel Johannes gegeben wurden.

«Bittet, so wird euch gegeben; sucht, so werdet ihr finden; klopft an, so wird euch aufgetan!» (Matth. 7,7).

«Und das ist die Freimütigkeit, die wir Ihm gegenüber haben, dass Er uns hört, wenn wir Seinem Willen gemäss um etwas bitten» (1. Joh. 5,14).

Warum wir mit unseren Bitten zu Gott kommen müssen

Probleme im Gebetsleben werden oft schon entschärft, wenn wir über Sinn und Zweck des Gebets nachdenken. Es folgt eine kurze Zusammenfassung der in diesem Buch bereits geäusserten Gedanken.

1 Wir sind aufgefordert, mit unseren Bitten zu Gott zu kommen, weil das Gebet die Souveränität, die Macht und Majestät Gottes bekräftigt. Allein die Tatsache, dass wir Gott um jede Art von Segen bitten und Ihm dann dafür danken müssen, macht uns immer wieder bewusst, welche Rolle Gott in unserem Leben spielt. Er lenkt unser Leben und sorgt für uns. Wir sind in allem auf Seine Führung und Seine Fürsorge angewiesen. Wenn wir nicht beten müssten, wäre uns das alles nicht bewusst. Aber durch das Gebet ordnen wir uns immer wieder neu Seiner Macht unter.

2 Das Gebet weckt in uns ein tiefes Bewusstsein über die Güte Gottes. Wenn wir unsere Sünden bekennen, erfahren wir Seine vergebende Liebe. Wenn wir Ihn um Hilfe oder in einer dunklen Stunde um Licht anflehen, greift Er ein und hilft uns. Dann können wir über Seine Freundlichkeit nur staunen. Wenn uns solche Segnungen ohne Gebet zuteil würden, könnten wir die Güte und Macht Gottes nicht wirklich schätzen.

3 Durch das Gebet treten wir als Gläubige in eine Gemeinschaft oder Wechselbeziehung mit Gott ein. Würden wir das Gespräch mit Gott suchen, wenn wir Ihn nicht um alles bitten müssten?

4 Das Gebet lehrt uns auch etwas über unsere privilegierte Stellung als Gläubige. Welches grössere Vorrecht kann es geben als die Möglichkeit, sich einem mächtigen Gott zu nähern, der bereit ist, sich von Seinen Kindern bestürmen zu lassen? Wir haben vielleicht nicht die Gelegenheit, von den Grossen dieser Welt in einer Audienz empfangen zu werden. Auch wenn das möglich wäre, wäre unser Einfluss auf diese Mächtigen wohl äusserst gering. Doch der König der Könige und der Herr der Herren hat immer ein offenes Ohr für uns.

5 Das Gebet ist unser bester Lehrmeister, wenn es um unsere Begrenzungen und unsere Unzulänglichkeit geht. Im Garten Eden wollten Adam und Eva unabhängig sein. Sie glaubten, Gott würde ihnen Fähigkeiten und Einsichten vorenthalten, mit deren Hilfe sie ohne Ihn auskommen könnten. Durch das Gebet lehrt Gott uns, den umgekehrten Weg zu gehen und unsere totale Abhängigkeit von Ihm zu erkennen.

6 Das Gebet befreit uns auch vom Stolz. Wenn Gemeinden sich praktisch von allein, ohne Gebet, füllen würden, würden Prediger sehr viel von sich halten und alle Ehre für sich beanspruchen. Wenn wir ein heiliges Leben führen oder irgendetwas von Bedeutung ohne Gebet bewerkstelligen könnten, wüssten wir vor lauter Arroganz nicht mehr wohin. Das Gebet rückt unsere Lebenseinstellung wieder zurecht und lässt uns demütig bleiben.

7 Das Gebet macht uns auch frei von Eigeninteresse und Selbstsucht, weil wir erkennen müssen, dass wir nicht haben und machen können, was wir wollen. Irdische Ziele und Eigensucht bleiben einem betenden Gläubigen «im Hals stecken». Die Notwendigkeit, den Herrn wegen jeder wichtigen Entscheidung um Hilfe zu bitten, dient als «Appetitzügler». Ohne Gebet würden wir vielleicht unseren Gelüsten nachgeben, aber wir wagen es nicht, Gott bei Masslosigkeit oder bei «Streicheleinheiten» für unser Ich um Seinen Segen

zu bitten. Das Gebet ist also so etwas wie ein Warnschild. Es hilft uns, von uns wegzuschauen. Wir wissen, dass wir für andere beten müssen. Wenn wir das tun, haben wir automatisch mehr Interesse an deren als an unserem eigenen Wohlergehen. Deshalb befreit uns das Gebet weitgehend von dem Götzen mit dem Namen «Ich».

8 Das Gebet wirkt immer aufbauend für unseren Glauben, weil unsere «Datenbank» mit Gebetserhörungen ständig wächst. Manchmal zögert Gott Seine Antwort hinaus, bis wir häufiger und ernsthafter beten. Dadurch wird unser Vertrauen zu Ihm weiter gefestigt. Die mächtige «Beweislast» von Gebetserhörungen in der Vergangenheit bewirkt in uns ein vertrauensvolles Festhalten an der Tatsache, dass Er uns auf Seine vollkommene Art und zu Seiner Zeit segnen wird.

9 Das Gebet stärkt nicht nur unseren Glauben, sondern auch unsere Zuversicht. Auch wenn wir nichts empfinden, zeigt sich die väterliche Güte Gottes in Gebetserhörungen. Nichts ist so bewegend wie die Erfahrung, dass Gott unser Gebet erhört.

10 Das Gebet lässt uns als Gläubige erkennen, dass wir niemals allein sind. Wir können immer beten, unter allen Umständen und an jedem Ort.

11 Das Gebet ist auch ein grosser «Gleichmacher». Es lehrt uns, dass in den Augen Gottes keiner Seiner Diener grösser ist als ein anderer. Paulus bat andere, für ihn zu beten, als ob seine Brauchbarkeit davon abhinge, und das war ja auch der Fall. Die Fürbitter hatten durch ihr Gebet einen Anteil an seinem Dienst. Dem Apostel Paulus dagegen war bewusst, dass er als normaler Sterblicher denjenigen glich, die für ihn beteten. Weil er wusste, wie sehr er von ihren Gebeten abhängig war, war Paulus auch frei von jeder Selbstüberschätzung.

12 Das Gebet führt zwangsläufig zur Busse. Wenn wahre Gläubige sich Gott nähern, schämen sie sich ihrer Sünde und suchen die Reinigung.

Als unser Herr und Erlöser Seine Jünger das Vaterunser lehrte, hatte Er ihnen noch nicht gesagt, dass sie den Vater immer in Seinem Namen ansprechen sollten. Aber die Zeit sollte kommen, als Er dieses für Christen so wichtige Prinzip bekannt machte. Mit dem Blick auf Seine Auferstehung und Himmelfahrt sowie das darauf folgende Zeitalter verkündete der Herr diese goldene Regel:

«Und an jenem Tag werdet ihr mich nichts fragen. Wahrlich, wahrlich, ich sage euch: Was auch immer ihr den Vater bitten werdet in meinem Namen, Er wird es euch geben! Bis jetzt habt ihr nichts in meinem Namen gebeten; bittet, so werdet ihr empfangen, damit eure Freude völlig wird!» (Joh. 16,23–24).